28歲決定你的人生

人生は28歳までに決まる!

為了享受之後的日子所該做的24件事

長倉顯太 著

郭子菱 譯

各界推薦

如果馬上就要死了，心裡會不會出現「啊，我人生就這樣嗎？」的聲音呢？我想肯定是因為還想做點什麼吧？總覺得人生還沒活夠，或是總聽從別人的建議去活著，然後就這樣一事無成地變成「大人」了。明明很討厭那種感覺，可是卻沒有辦法擺脫自身與他人對自己的束縛。相信書中淺顯易懂和馬上能做的建議，會改變你的行動，去嘗試活一個今天死掉也不可惜的生命吧（笑）。

——春小姐（成長系作家）

我常收到二十至三十歲之間的年輕讀者來信，詢問有關職涯規劃、人生抉擇等問題。我發覺，這個世代的迷茫者很多，看網路上的經驗分享多半是片面、缺乏系統，也難以被檢驗是否有效。此書恰好可用來解決以上難題，作者的論述不流於俗套，既客觀又實際，很能精準打中新世代讀者內心。我讀來深感共鳴，值得大推給每一位年輕人！

——**愛瑞克**（《內在成就》系列作者、TMBA共同創辦人）

前言

在二十八歲以前抓住「契機」

「感覺自己比身邊二十幾歲的人起步還要晚。」

「感覺就要一事無成到三十幾歲了，好焦慮。」

「正在迷惘要不要轉職。」

「正在找『想做的事情』。」

這本書，就是為了這樣的你而撰寫的。我希望是對至今為止的生活抱持著以下異樣感的你來閱讀這本書。

「好像不太對。」

「好像有點不舒服。」

我想，你一定對學校或社會強壓在你身上的「常識」感到疑惑才對。

馬馬虎虎地過生活太可惜了

這本書是我的第九本書，不過，卻是我真正想要寫的一本書。正因如此，我希望讓應該閱讀的人來讀本書。

現在的二十幾歲族群——也就是一九九〇年後出生的年輕人們，在生存上可以說幾乎沒有風險。因人口減少導致人力持續不足的狀況已是眾所周知，不會找不到工作。黑心企業成為社會問題，勞動環境也不斷在改善。

正因為好不容易誕生在風險少的時代，才要不斷採取行動，畢竟無論做什麼都可以生存下去。

話說回來，在我以編輯身分創造出累計超過一千一百萬本以上的暢銷書之後，我便離開出版社自立門戶了。接下來我花了將近八年接觸二十多歲社群的經營，傾聽了不少年輕人的煩惱。

來我這邊諮詢的年輕人，幾乎都過著這樣的人生。

總之好像該升學。

總之好像要就職。

「因為周遭的人都這麼做」——他們只憑這個理由就決定了人生。即便是就職，多半也是以「是否穩定」、「是否體面」為判斷基準。

而在二十五歲左右，眼看「年輕人的期限」就要結束，不安感才湧上心頭。

「這樣下去真的好嗎？」

會有這種不安也是理所當然的。

因為再這樣下去怎麼可能會好?!

學校教育的受害者們

這些人的問題，在於過著他人的人生。

他們活在「世人」、「社會」、「學校」、「父母」所鋪設的軌道上。他們一邊想著只要沿著軌道走人生就會順遂，一邊不斷地做出選擇。

也就是說，他們並不是在過自己的人生。由於不是自己想要的東西，也無法實際感受到自己活著，更沒辦法好好控制，會感到不安也是理所當然的。

這些二十幾歲的年輕人們不斷沿著軌道走，沒能過上「自己的人生」。他們是學校教育的受害者。簡單來說，學校教育就是製造「聽話的人」。

這是不需要自己想法的教育。

這便是我們所接受的教育。而且最糟糕的是，人生的責任只有自己本人能負責。社會量產了沒有自己想法的人，並責備這些不順利的人是「自己的責任」。

你不覺得這樣很奇怪嗎？

話雖如此，我也不是要你「憎恨社會」。

而是希望你停止只是聽從他人的人生，並奪回自己的主控權。而本書，就會公開這個方法。

許多二十幾歲的人都沒有察覺到自己是在「過著他人的人生」。光只是留意到這件事，你就比周遭的人更往前邁進了一步。你只要實踐寫在這本書裡的方法，便一定能夠開始享受人生。

在二十八歲前掌握「契機」

二十八歲是人生或職涯會有所轉機的年齡。

如果你想要改變人生，那我希望你在二十八歲以前抓住「契機」。畢竟只是「契機」，沒有必要在二十八歲時有個「結果」。然而，享受人生的人們一定都在二十八歲前就掌握了「契機」。

因此，我才寫了「到底該怎麼過二十幾歲才好」，並希望你繼續讀下去。

我就是在二十八歲掌握「契機」的人之一。二十幾歲的我一直在打工，也不斷轉職，不過在二十八歲時我偶然進入了出版社。

在那之後大約過了兩年，我身為編輯經手的書接二連三成為了暢銷書。正因為我在二十八歲抓住了「契機」，才能拿出成果。

也多虧於此，我現在才能做我想要做的事，好比實現在檀香山與舊金山之間的兩地生活等。我的三十到四十九歲，也過得很開心。

只要讀了這本書，想必會有豐富的人生等著你。

首先，我就來介紹各章節的主題吧。

第一章是「**沒有『想做的事』的人的生活方式**」。許多二十幾歲的人都正在為「沒有想做的事」而煩惱著。我在本章撰寫為了找出能投入的事情，真正不可或缺的是什麼。

第二章是「**即便大腦知道也無法行動的理由**」。我說明了「行動力」

的祕密，希望「無法湧現動機」、「沒有幹勁」、「無法採取行動」的這些人仔細閱讀。

第三章是「控制時代的輸入」。現代是個資訊社會。如果想要活得稍微有點優勢，讀書等輸入是必不可少的。

第四章是「建立習慣的方法」。最終能夠改變人的是「習慣」。希望你能夠掌握學習的習慣，有意義地度過每一天。

第五章是「人生百年時代的工作方法」。在醫療技術十分發達的現代，許多二十幾歲的人都能活到一百歲吧。由於變成在死之前都必須工作，就需要能超越時代的有用技能。本章是為此而寫的策略。

第六章是「改變人生的人際關係」。人生會大幅度受人際關係影響。

在本章，我撰寫了建立良好人際關係的祕訣。

第七章是「溝通術」。由於「人際關係會改變人生」，如何與他人接洽自然相當重要。我撰寫了就算不擅言詞也能做到的方法，希望對溝通沒自信的人也可以試著實踐看看。

第八章是「價值觀」。你與周遭人們是相互合作還是相互競爭呢？幸福度會根據你如何面對世界而改變。在這一章裡，我撰寫了「互相給予的世界」的價值觀，能讓幸福度更高。

只要閱讀這本書，我想你絕對能夠享受你的三十幾歲。首先，就從第一章開始閱讀吧。

CONTENTS

3 「輸入」會提高體驗價值

4 讓每一天過得有意義的「習慣」之力

CHAPTER

1

給沒有「想做的事情」的你

「去找出想做的事。」

「要重視自己的個性。」

你是否曾被說過這些話，而感到不知所措呢？

現代雖然是個「無論是誰都能自由生存的時代」，卻也是個「必須要靠自己開拓道路來生存下去的時代」。這就像被丟了句「自己決定」後就被拋下了，因此也會有人感到不安吧。

在第一章，我想要為了這些人，傳達「找到自己道路的方法」。

比起「想做的事」，「嶄新的事」更重要

透過自我分析卻找不到「想做的事」的原因

在經營以年輕人為主的社群後，我便經常接受個人諮詢。他們大多數人都在煩惱著——「沒有想做的事」。

那些尋找「想做的事」的人們，幾乎都是先從「自我分析」著手。

只要探索內心深處，就會發現「想做的事」在某處沉睡著……他們如此期望著，並寫下「學生時代曾努力做過的事」或「曾感到快樂的事」。抑或面對性格診斷測驗的題目，非常有耐心地在「是的」、「兩者皆非」、「不是」上打勾。

但是，我希望你仔細想想。

透過自我分析，你會回想起至今的人生來找出你的內在熱情。也就是說，這是從你已經體驗過或是已經知道的事物中找出「想做的事」。

不過，如果你在過去早就跟「想做的事」相遇了，那為什麼現在並沒有投入其中呢？倘若那真的是你「想做的事」，不是早就「正在做」了嗎？

找出其實也沒那麼想做的「想做的事」，我不認為有什麼意義可言。

勿回頭、勿回頭，身後無夢想。

這是詩人寺山修司的語錄，我認為確實就是如此。即使回顧過去的人生，也找不到真正「想做的事」。

重視「初體驗」

那麼，應該如何找出「想做的事」呢？答案，就在自身的框架之外。既然至今為止自己的內心都沒有找到「想做的事」，那即便凝視過去也毫無意義。畢竟，在早已做過的事物中不可能會有「想做的事」。

這麼想來，一切就很清楚了。你只能去做至今沒有做過的事，也就是用「嶄新的事」來開拓你的視野。

舉例來說，試著去閱讀只知道書名的名著。在書店閉著眼睛拿起來的書也可以。

去挑戰不知道規則的運動。

試著進入一個你完全陌生的業界。

嘗試去跟至今為止沒接觸過的類型的人對話，或許也會很有趣。

總之，你要重視初體驗，去觸及未知的世界。

去讀書、與人相遇，擴展你所見的世界吧。

如此一來，你就能夠遇見「馬上想投入其中的事」。

之所以沒有「想做的事」，並不是因為你平淡乏味，只是還沒有遇上而已。

如果無法喜歡上自己，那只要變成「喜歡的自己」就行了

為了「自我肯定感」所不可或缺的事

「去愛原原本本的自己吧。」

最近到處都會出現這句話。意思是「要無條件接受自己，並喜歡上自己」。

或許是因為這樣，我經常會收到「無法喜歡上自己」這類的諮詢。

不過，我們沒必要勉強自己喜歡上自己。

都無法感到喜歡了，即使努力地想著「必須喜歡上自己」也是做不到的。這就跟吃了不合胃口的料理與喜歡討厭的同事一樣，要喜歡上不認為是良好狀態的自己也很困難吧？

那麼，該怎麼做才好呢？

那就是別拚命「喜歡上自己」，而是努力**「成為喜歡的自己」**就行了。

工作能幹的人。

頭腦清晰的人。

心地溫柔的人。

我們會有許多「想要成為這樣」的理想吧？就讓自己貼近這些理想。

當然，或許會有像是外表或經歷這類難以改變的事物。

不過，只要實現一項，就能愛上自己的那一面。比起硬是去肯定原本的自己，這種做法有建設性多了。

個性＝面具

個性的英文是「personality」，這個字的語源來自拉丁文的「persona」。persona意指演假面劇時所佩戴的面具。

多數人都認為人格就跟自己的本質一樣，但實際上，這不過是為了演繹角色時所佩戴的面具罷了。

個性＝面具＝為了給某人看而製成的東西。

即便是現在覺得自己很內向的人，追根究柢，也是在演戲而已。

小的時候，你偶爾會被父母怒斥「給我安靜」而閉上嘴。於是，周遭的人就會認為你是「乖巧的孩子」，把你當作「乖巧的孩子」來對待。如果你不是個「乖巧的孩子」大家會覺得很奇怪，所以你便乖巧地過生活。

為了「像是這樣的人」而去內向的人可能會去的地方，作為內向的人生活，並深信自己就是內向的人……這些人大多都有這種經歷。

你的個性某種程度其實是由他人或環境所決定。如果沒有意識到這一點，你這一輩子都會用他人所決定的個性來活著。

你認為現在的自己真的是「想要這麼活」嗎？假使並非如此，那你就得改變才行。

而改變個性並不是什麼難事。因為，面具是可以替換的東西。

倘若你無法喜歡上現在的自己，只要改變個性＝換一個面具就好了。

要是你無法喜歡上內向的自己，我希望你可以試著演繹外向的人。

一旦改變飾演的角色，周遭的反應也會改變。假如你能被認定為「外向的人」，你就會完全判若兩人了吧。

此外，若改變了面具，表演的舞台也會不同。你的人生鐵定會大為轉變。

不存在什麼「自己的個性」

在佛教的教義中，有所謂「緣起」的概念。

而緣起是什麼呢？引用《大英國際大百科全書　小項目版》的內容，定義如下。

根據解釋，和他人的關係是因緣分而產生。所有存在，包括自我和佛陀都是因緣起而成立，因此自身的本性、本質或是實體並不存在，皆爲虛空。

這個意思是我們本身都是虛空的，是因為與他人的關係才得以成立。

換句話說，自己＝與他人的關聯性。

「自己」不過是根據身邊有什麼樣的人、有什麼樣的事物才因而出現的存在。

因此，就算煩惱著「自己不存在著自己的個性」、「不知道真正的自己是怎麼樣的人」，那也沒有什麼意義。

畢竟，「自己的個性」或「真正的自己」根本就不存在。如果有的話，那也不過是「跟他人的關係性」罷了。

只要跟他人的關係性改變了，自己也會改變。所以倘若你想改變自己，就只能試著去改變環境。

改變相處的對象，使人際關係搖身一變。試著靠搬家、轉職，或是隸屬於不同性質的社群和組織也是很不錯的方法。

「只要打算改變，程度多寡都可以由自己決定。」

「不用執著於『自己的個性』也沒關係的。」

只要這麼想，你一定可以活得更加自由。

「捏造」理想的過去吧

不要去同學會

沒有比同學會更沒意義的聚會了。

因為，同學會所招待的是過去的自己，並不是現在的自己。我希望你理解，只靠過去而聯繫起來的人際關係根本沒有太大的意義。

再說，幾乎沒有成功人士每次都出席同學會的吧。

或許會有那種相當成功後，為了炫耀而去的人。不過，如果你正拚命想要改變人生，那應該沒有去參加同學會的閒工夫才對。

若去參加同學會，跟當時認識的人見面，你就會回想起當時的自己。你會為了配合大家所認識的你這個角色，開始演繹過去的你。

而在演繹的過程中，你會產生一個錯覺，認為那就是「真正的你」。

換句話說，去同學會會強化「**過去的自己**」。

倘若思考模式變成了過去的自己，就會反覆做出跟過去相似的行動。如此一來，也無法期望能往前邁進。

改寫過去就行了

我有一段記憶。十歲時，我發現「不聽大人的話也沒關係」，之後我就開始不聽父母跟老師說的話了。

老實說，我並不確定這份記憶是不是真的。由於是數十年前的記憶了，也可能只是我擅自這麼認為。

不過，是不是真的並不重要。

然而，這份記憶跟我「不想要被過去的價值觀所困而活」的目標角色一致。也就是說，這成了與未來具有整合性的記憶。

反正人的記憶都是曖昧不清的，過去不過只是個資訊罷了。既然如此，用「想要這麼活著」的理想與具有整合性的記憶，去洗腦自己「我是這樣的人」也沒關係吧。

說極端點，過去幾乎都是自己誇飾出來的。

這是我還在做編輯時所察覺到的事。當作家在書中闡述自己的成功經驗時，我就會把故事講得「誇張」一點。畢竟我身為編輯，必須將書變得更有趣才行。

當然，不能說謊或是謊稱經歷。不過，我會努力表現成是個相當厲害的故事。

譬如在關於經營的書內寫著「用這個話術便拿下了契約」，我就會替換成「乾脆俐落地拿下了契約，還被公司視為珍寶」。就是要把事實稍微誇張化。

於是，作者便會在說明會等場合上說著「我乾脆俐落地拿下了契約，被公司視為珍寶」。由於是跟身為營業專家的自己具有整合性的內容，便會深信這是事實。

有趣的是，我注意到越是將「誇飾的成功體驗」複寫了記憶的作家，往後也會持續成功。

其實這也是一種自我激勵，把八十分的自己自我洗腦成九十分，加強信心認可「我很厲害」的人，在這個世道才會過得比較順遂。

不要活在過去的延伸上

我想大家都曾因為學生時代的霸凌或父母的虐待產生了陰影，並因此感到煩惱吧。不過，我希望你們把那種過去拋開。你只是偶然遇到垃圾般的人，這並不是你的錯。

當時你所受的苦或許是事實，不過既然並非現在進行式，那這件事情就只存在於你的腦中。

過去已經過去，你要把眼光放向未來，以「我想變成這樣」的姿態，加上具有整合性的記憶就好。即使無法整合，也可以塑造成像有整合性一般。

話說回來，很多人都沒有理想的生活方式與具有整合性的記憶，於是只能用與過去相符的方式過生活。畢竟，倘若沒有像過去那樣生活，周遭人們就會開始以彷彿關心的問題「你怎麼了」、「這真不像你」等等來懷疑你。

於是，你會想著「至今為止我都是這麼做的，這次也這麼做吧」並採取安全對策。人類只要沒有積極意識地活著，就很容易陷入過去的思考模式中。

正因如此，我希望你能有意識地避免強化過去的自己。所以我才不建議你去同學會，或是回顧過去的照片。

在電影《王牌冤家》中，「記憶消除業者」可以將回憶的物品不斷銷毀。你也可以像這樣，把會使你想起負面過去的物品從人生中排除就好。

我們應該面對未來活著。而且，這個舞台還是個變化激烈的時代。如果活在過去的延伸上，別說什麼安全策略了，根本滿是風險。

我曾說過「不要做自我分析」，也有一個理由。

在大多數情況下，人們會透過自我分析回想起過去的自己，並且追根究柢。於是，人們所找到的「想做的事」，經常是過去思維模式下的產物。

致力於過去的自己所找出的「想做的事」，也不過是活在從過去延伸出來的人生罷了。一旦被過去所困便無法讓人生升級，也會被時代拋下。

以「想要這樣」的理想為基礎來當作未來志向活下去吧。

要是沒有理想的形態，也別挖掘過去來分析自己，而是努力做著「嶄新的事物」並從中尋找，那是存活在現在的唯一方法。

正因為沒有目的，才能擴展可能性

總之要不斷去打擊「點」

史蒂夫・賈伯斯在史丹佛大學的畢業典禮上如此闡述了自己的經驗。

如果我沒有下定決心退學，我就不會潛入那個書法（美化文字的技術）的講座，電腦也不會像現在這樣配備了如此出色的字體。當然，那時我並沒有意識到要爲未來去連接點與點。不過如今回頭來看，我在大學裡確實學到了會對將來有用的東西。（中略）我們無法預先看到未來去連接點與點。我們能做的，只有在那之後去連接它們。因此唯有相信，我們現在所做的事情，終究會在人生的某個地方連接起來，結出果實。

這是著名的「Connecting the dots」演講。就如賈伯斯所說，我們無法事先計劃來製作出「線」。

我的狀況也是，年輕時所體驗過的賭博派上了用場。在我成為編輯後，我曾想過「書是否會暢銷，簡直就像賭博一樣，既然這樣，那我怎麼可能會輸」。正因如此，我才能夠挑戰其他公司沒做的果斷企劃或銷售方式。

連賭博都跟工作有所關聯。什麼事情會派上何種用場，誰也不知道。所以即便沒有目的，還是要先做做看，這很重要。

在二十八歲之前是不斷打擊「點」的期間。正因為不知道會怎麼變成

「線」，就別勉強找出一件「想做的事」，而是到處著手看看吧。

不因個人喜好選擇「該做什麼」

到處著手的意思，也就是「不因個人喜好選擇該做什麼」。

就如同前面所述，誰也不知道現在做的事情將來會派上什麼用場。「這跟工作沒有關係所以不做」，或是「這沒意義所以不做」，當下的時間點是無法判斷的。

倒不如說，要去懷疑你當下就認為會「派上用場」的事。畢竟，當下自己所能接受的事情，是不會改變人生的。

此外，「不依靠喜好來決定行動」的這點也很重要，而這也是最容易落入陷阱的部分。

所謂「喜歡」跟「討厭」，意指當下自己的價值觀。如果以那個喜好為主軸來採取行動，就無法跳脫當時自己的框架了。

舉例來說，我每個月都會在日本國內到處跟地方創生相關的人士見面。老實說我很不愛出門，對於要去當地沒什麼興致，也很不擅長跟不認識的人見面。即便如此我依舊持續這麼做，在這段過程中我不僅拓展了人脈，還出現了超乎想像的工作機會。

不被喜好所限，去採取行動。這些各式各樣的經驗，會將自己導向更加廣闊的世界。

以「話題的寶庫」為目標

累積各種經驗，還有著「能成為一個有趣的人」的這種好處。

我住在舊金山的時候，曾在日本參加過一些集會，只要一說到「我是從舊金山來的」，單憑這點大家就會充滿興趣。

我在昆蟲食物專門餐廳吃過田鱉跟蟬的事情也是，當下非常討厭，不過一旦跟他人聊到這事，對方就會覺得很有趣（事實上還非常美味）。

尤其是大家不太會有的經驗，這會變成一個很好的話題。與其「因為大家都在做所以我也來做」，還不如「因為大家都沒做過我才來做」。試著把這當成指標來生存下去吧。

說起來，去海外或是品嘗山珍海味雖然很花錢，但如果這是「嶄新的事物」，那我希望你別太過吝嗇去做。

想要穩定生活的人，從年輕時就在存錢或做金融投資了。不過老實說，就算想把低廉工資存下來或是投資，數十年之後也不會有什麼太大的差別。

我經常說「要把錢用在眼睛看不到的東西上」。

我不建議把錢浪費在眼睛能看見的東西，譬如品牌精品等上面，不過關於眼睛看不到的東西——經驗，我希望你能不斷把錢投資進去。錢之後再賺就好，但很多經驗只有在那時才能得到。

再者，根據你自己的做法而定，這個經驗的價值有可能會翻數倍。換句話說，經驗的回報是無限大的。另一方面，物品只能等價交換。物品總有一天會舊，經驗卻會隨著時間發酵，不斷提高價值。

除此之外，比起「為了存錢而賺錢」，去想著「為了各種經驗而賺錢」，更能產生對工作的能量。只要以「話題的寶庫」為目標來生存，人生就會變得越來越充實。

CHAPTER・1 的行動計劃

1．去書店時，閉上眼睛買下所選擇的書

即使是不喜歡的書，也一定要拿到結帳櫃台。正因為是過去自己絕對不會買的書，才會存在著「馬上想投入其中的事」的相關提示。

2．找出那些過著理想生活的三十～四十九歲人們，並學習相同的做法

只要有了範本，就更容易接近「喜歡的自己」。或許去模仿對方的舉止或工作的難度很高，試著從他們的穿著打扮等去模仿也沒關係。

3．避開過去的人際關係（朋友或家人），一整年都不要見

只要跟過去的人交流，就會強化過去的自己。若想要改變人生，就要有人際關係也會改變的覺悟。

CHAPTER

2

無法行動起來的理由

要找出真正「想做的事」，就必須跳脫自己的框架。總之，你只能對「嶄新的事」抱有堅持，並不斷採取行動。
然而，即便說要「採取行動」，要行動起來還是很困難的。明明至今為止已經看過很多勵志書了，還是有不少人沒有付諸實踐就告終吧。
為什麼我們縱使大腦理解了，也無法馬上採取行動呢？
在這背後，有著名為「正確答案」的確信，以及對於「不想犯錯」的恐懼。

不幸的原因，在於確信「有正確答案」

名為「不想犯錯」的恐懼

我曾經被問過「應該讀哪本書才好」。每當這種時候，我便心想「為什麼要問我這種笨問題呢」。

只要讀過幾本書，自然就會看到之後想讀的書了。要不然也可以用「讀了這本書後，我是這麼想的……」這類再稍微具體一點的問法吧？

會問出「我該讀哪本書才好呢？」這種籠統的問題，正是沒有靠自己讀過任何一本書的證據。

這就跟考試的時候說「請告訴我答案」一樣。即使模仿他人告知的答案也不會增長實力，但大多數的人都習慣這種思考方式。

不過，這並不是他們的錯。奪走思考能力的是學校教育。

我們所受的教育，是為了量產成為資本主義齒輪的人。簡單來說，**這個教育就是在培育沒有任何想法便行動的人**。所以，大部分的人都不擅長自己思考或是說出自己的意見。

在這樣的教育之下，能按照父母或老師所決定的「正確」來過生活的人就是優等生，偏離這條路的則成了劣等生。因此，我們從小就被灌輸了「不能犯錯」。

從小學到大學考試，因應個人的狀況，即使是公司的新人教育等場合上，我們也會被要求「回答出正確答案」。結果，我們總是想著**「不希望犯錯」**。

這就跟問「應該讀哪本書才好？」而想要事先知道答案一樣，是「不想出錯」的表現。

連讀一本「沒用的書」都不願意花時間。

只想讀「應該讀的書」。

因此，才會去乞求該讀什麼才好的答案。明明一本一本閱讀後覺得「要是沒有讀就好了」、「真是浪費錢又浪費時間」的經驗也是一種學習，卻因為「不想犯錯」而不願去試。

不要一直解決過去相同的問題

總是想著「不希望犯錯」的人，都會有反覆做相同事情的傾向。由於害怕挑戰，才只會用已知的方法努力去做已知的事。

反覆做相同的事，就跟反覆解決過去相同的問題一樣。

既然是曾解決過的問題，早就已經知道解決的方法，應該可以毫無迷惘地努力下去吧。

只要不斷解說，最後就會記得答案，縱使不看題目，也能回答出正確解答，並逐漸提高正確率。

然而，倘若一直這麼做，最後就會忘記「問題是什麼」。要是我們不再知道該走哪條路、該思考什麼，就無法解開應用問題。

一旦反覆做相同的事，就會變成無法應對變化的人。

「不想犯錯」這種態度，會讓人失去「總之先靠自己做做看」的行動力，以及「想過之後努力去做」的思考能力。

沒有「正確」解答

過去，我們都認為有所謂社會上的「正確答案」。

在穩定的企業就職，工作到退休，組成家庭。只要朝著這個理想狀態前進就好。

然而如今，無論是在公司就職還是終身雇用制都已不再是理所當然，就連社會上的「正確答案」都消失了。這是個必須由自己決定道路的時代。

或許有人會覺得「停止思考，乖乖服從比較輕鬆」、「別進行就職活動，選擇父母所決定的職業比較輕鬆」、「比起自由戀愛，透過相親結為夫妻比較輕鬆」等等。

只要選項多了起來，人們就會煩惱「該選哪個」，並且感到痛苦。

不過，那份痛苦的根本原因，正是名為「有正確答案」的確信。就因為認為選擇普世所認同的職業和結婚是理所當然的生活方式，要是不順利便覺得痛苦。這是錯誤的。

如果，我們根本就沒有必要去順從「普世」或「常識」的話呢？你應該任何選項都能夠選擇才對。

人生是更加自由的，無論用什麼方法攻略都可以。哪裡都不存在什麼正確答案。

再者，**就如同犯錯的字面意思**（註：日文的犯錯原文「間違い」一詞，直譯上為「搞錯時機」），根據不同的時間點，失敗有可能是壞也是好。

尤其是在變化激烈的現代，有些事情昨天還是好的，今天就變成壞的了，反之亦然。若這樣去思考，你便能理解尋求一個正解並順從於此是多麼愚蠢的一件事了吧。

「正確」根本就不存在

也有很多人會想著「我現在所做的事合適嗎？」並一一去確認到底合不合適，這也是因為「不想犯錯」所導致。

這些人多半最終都會以「金錢」作為基準。

金錢是在數字上可見的絕對尺標，也是資本主義社會中唯一的價值。

正因為對自己的價值觀沒有自信，才會追逐著被普世所認同的金錢價值。大家變成「只要追求金錢就會放心」，並開始執著於賺錢，還齊聲說著「財務自由」、「時間自由」，讓人不禁笑出來。

在沒有正確答案的時代，越是不想出錯而活著的人，越容易停止思考，去追逐容易理解的事物。

但是，「正確」根本就不存在。

事物會根據不同的觀點而產生許多改變，因此無論什麼言論，都只是見人說人話見鬼說鬼話罷了。如果盲目地相信某人所說的話，那只會成為某人為了得利的工具或冤大頭。

必須理解不同的觀點並用不同的視角去掌握，思考這對自己而言又是如何。正因如此我才會不停地說著應該要追求「新的事物」，跟自己框架以外的事物相遇。

積極地「犯錯」比較好

我們之所以會不幸，多半都是因為深信「有正解」。

不知道該怎麼活下去才好時，對自己的生活方式感到不安時，以及想要依賴某件事情時，我希望你可以想起「並沒有正解」這件事。

話雖如此，從小就被教導「不能犯錯」的人很難去改變行動吧？「先找答案」和「不做不知道答案的事」早已成為習慣了。

我們該怎麼做才能停止這個習慣呢？只能「到處犯錯」。

在問別人之前先自己思考再行動，然後失敗。

不看周圍的臉色行動，招人嫌棄也沒關係。

人類只能靠吃到苦頭才能成長。犯錯並沒有不好，倒不如說，我希望你積極地去犯錯。

一旦如此思考，名為「不想犯錯」的恐懼就會逐漸消失。

不要把「完美主義」當成做不到的藉口

一勝九敗也沒關係！

有人會因為一點小失誤就深感失落，但無論任何事，都不能想著要立刻做到很完美。

若以完美為目標，就會因為「現在還沒辦法做得很完美」而遲遲無法開始。即便開始了，在知道自己無法做到很完美的瞬間便會失去幹勁，很容易放棄。

只要堅持完美，就會連「開始」與「結束」都做不到。

此外，完美主義很容易成為逃避現實的理由。

如果是在不完美的狀態下開始，自己就會知道「做不到」。然而，假使自稱完美主義而拖延行動，便能以「我做得到，只是沒有做」而保有面子。

大腦很擅長思考「不做的藉口」。而完美主義，就成了剛好的藉口。

只是，要是因為這樣而感到害怕，那就永遠都無法成長了。縱使不完美，都必須反覆試錯。

不是要全贏，一勝九敗也沒關係。試著擁有這種思維吧，即便一開始不順利，也會在不斷行動的過程中一點一點勝利的。

比起打擊率，更重要的是打擊量

人生的基本策略，便是「亂槍打鳥」。

所以我總是會制定很多計劃。從這份經驗來說，多試幾次有以下三個好處。

- 打中的可能性會提高
- 經驗會增加
- 邂逅會增加

至於壞處，則是這兩點。

- 失敗會增加
- 變忙碌

不過「失敗增加」會成為一種學習，因此也算好處。這麼想來，不就能清楚明白多試幾次明顯會比較好嗎？

多數人都不會多試幾次。只是在人生中，比起打擊率，打擊量更重要。無論是擅長還是不擅長的人，想要提高打擊量，就必須站在擊球區上。不要害怕失敗，去不斷嘗試吧。

「無法對任何人訴說的悔恨」會改變人生

自我啟發研討會所煽動的「虛假」情感

一旦參加自我啟發研討會，人們的動力就會提高，轉變成「來學習吧」、「來賺錢吧」的高昂情緒。

但是，這並不能改變人生。

暫時提高的動力，會隨著時間慢慢消失。原因在於，那份動力是研討會集體所製造出來的假象。

自我啟發研討會會用各種方法引導參加者進入跟平常不同的心理狀態。好比：大聲叫喊、互相擊掌等等。

這一切都是為了讓參加者情緒高漲，失去冷靜的判斷能力。

這麼一想，你應該就能明白在自我啟發研討會上所得到的動力有多麼空虛。這種被製造出來的感情，不能夠真正改變人生。

眼淚停不下來的日子

我之所以會改變，是在我回想起不為人知的悔恨時。

那是在我大學畢業後，為了生計而在歌舞伎町打工時的事了。

我每天都要出門購物，拿著沉重的東西，走在人們到處玩樂的繁華街頭。去幫客人買香菸也是我的工作，因此在上班時我也要不時跑去便利商店。當然，我不能搞錯香菸的牌子。我每天都要忍受前輩的訓練，氣喘吁吁地在街上到處奔走。

開始工作一個月後的某天，從高田馬場的打工地點回家的途中，我的眼淚突然宣洩而出，無法停止。不知道是因為工作辛苦感到疲憊不堪，還是被當作跑腿小弟任意驅使的屈辱感。

不過，從那個瞬間我就改變了。我認真發誓要讓這些人刮目相看，成為無可取代的人。於是我拚命工作，花一年存了五百萬日幣，前往美國。

現在想來，由於直到大學畢業都是父母幫忙支付學費，所以我並沒有獨立。在歌舞伎町的悲慘回憶，讓我第一次實際感受到我走在自己的人生道路上。

出了社會後，就不得不停止接受他人的援助而活下去。我們從被父母或學校所保護的溫暖環境走了出去，靠自己的腳邁進。

二十幾歲，就是那開始的十年。既沒有經驗，又做著打雜的工作，想必會有很多悔恨的回憶吧。

不過，這份悔恨才是真正激發你的情感。

跟自我啟發研討會所打造的假象不同，這是實際體驗的悔恨。這會變成改變人生的能量。

所以，我希望你先行動起來，即使失敗，經歷許多悲慘回憶也沒關係。

「壞事」也能變成正面的

人生會有各種局面，運氣也時好時壞。無論身處於怎樣的局面，都要嘗試看看能否將其轉為正面。

我們之所以會問「活著有意義嗎」，是因爲從一開始就搞錯了。換句話說，不是我們去探究活著的意義。而是人生會對我們拋出、提出各式各樣的問題。我們才是被探究的存在。

這是維克多・弗蘭克在《向生命說Yes‥弗蘭克從集中營歷劫到意義治療的誕生》中所說過的話。我認為這就是一切。

CHAPTER・2 的行動計劃

4．加快走路速度

只要提高走路速度，就會出現空閒時間。運用這個時間，不斷行動起來吧。

5．針對失敗，要積極去解釋並寫在筆記本上

根據看法的不同，無論什麼事物都能轉為正面。即使認為「失敗了」也不要失落，就積極地去重新審視並寫在記事本上吧。只要持續這個習慣，就不會害怕失敗了。

6．睡前寫下五個「值得感謝的事物」

如果你覺得「全世界都是敵人」，就容易被陰謀論所欺騙。比起懷疑或怨恨，不如建立不斷感謝的習慣。

CHAPTER

3

「輸入」會提高體驗價值

至今為止，我反覆地闡述「希望你重視初體驗並行動起來」。

不過，就算進行相同的行動，根據所擁有的知識量不同，體驗價值也會改變。就如同一般人跟植物學家去登山時能得到的東西是不同的，知識越多，行動的價值越會提升。

行動＝輸出，學習＝輸入。必須要兩者同時進行。

在第三章中，我想告訴你該如何輸入比較好，也就是該怎麼增加知識與資訊的祕訣。

閱讀「不暢銷的書」和「昂貴的書」

讀書不會對你有害

作為輸入的方法，我最推薦的就是「讀書」。

這不是因為我從事出版相關事業才說的場面話。即使跟其他媒體相比，書的優點還是很多。

書，是耗費許多勞動力才製作而成的。

為了製作出包含趨勢與市場需求的內容，在企劃時出版社內部就要互相討論，如果被判斷為沒有用處，就不會發行。

此外，不能把作者所寫的內容原原本本地刊登出來，編輯要確認內容的合適性，校閱者要調查實際情況，並去除錯字、補上漏字。

這個過程需要花費數個月，長一點的話也可能花費數年。正因為是耗費時間與人工去製作而成的，資訊量跟品質都會很高。

不過，其價格大多是一千到兩千日圓之間。商業書大概是一千日圓，比去一次飲酒會還要便宜得多。

另一方面，要是想學習些什麼而去研討會的話，可能得花上數萬甚至數十萬日圓。至於其內容是否像書籍般充實，多半並非如此。

研討會講師會根據課程的內容來撰寫書籍，不過大多是把數回到數十回的內容集結成冊。比起去聽好幾次課程，直接買一本要輕鬆多了，還可以用自己的節奏來閱讀。

這麼想來，你應該知道讀書的回饋有多大了吧。或許你會覺得沒讀書是一種損失呢。

不可以讀暢銷書

那麼，該讀什麼書才好呢？

「去讀賣不好的書！」我總是這麼說。

大多數人想要讀書時，都會拿暢銷書。

暢銷書大多會用很華麗的宣傳，以吸引人們的目光，而且還會有種「大家都在讀，應該會是好書吧」的安全感。若用「不想犯錯」的思考迴路，或許你會心想「那就去買暢銷書吧」。

然而，暢銷書=許多人讀的書，當然，那本書的知識就會變成許多人所知道的內容。

我們活在資訊社會，擁有稀少的資訊才有價值。在這個社會上，知道大家不知曉的知識才會受到重視，光只閱讀暢銷書可稱不上是個好主意。我希望你刻意去讀「賣不好的書」。

「昂貴的書」中充滿了熱情

在賣不好的書中，那種超過五千日圓，「因為太貴才賣不好的書」特別優秀。

由於這些書是針對即使很貴也願意買的人，印刷數不會太多。換句話說，不太流通於市場上的書＝書的內容沒什麼人知道。只要你讀了，就會擁有創造力。

此外，昂貴的書是基於「知道會賣不好的前提」製作而成的，多半是小眾的書。因為我喜歡音樂，就買了許多海外音樂家的自傳。幾乎每本書都是三千日圓以上，頁數多半也很厚。

然而，商業書或實用書大多是把「暢銷」視為第一來製作。我自己本身在當編輯時，也曾很熱衷於製作熱門書。我會模仿已經賣很好的書，為了吸引讀者，也會在廣告標語上費盡心思。

只是，我沒有意識到這本書所帶來的文化影響與社會意義。只要暢銷，即使內容有點平庸也沒關係。就某種意義上，我成了「工廠流水線」在創造書籍，我至今都還在反省著。

另一方面，昂貴的書在設定價格時就沒有預想會大量販售，大多是因為充滿熱情，純粹地「想要做出好東西」。

昂貴的書中會有不少如同價格般優秀的內容，閱讀價值果然是很高的。

只要能夠學到一句話就好

還有一件我希望你讀書時留意的事，那就是「不要挑著讀」。

不是只挑有趣的地方來讀，而是從頭開始照順序，可以的話，希望你能讀到最後。也許過程中你會覺得無趣吧！即使如此，也要不停讀下去。就算當下你無法理解，之後也有可能會懂的。

原因在於，這就好比我說過「靠好惡來決定事物是無法期望成長的」，在讀書時只讀有興趣的地方，就無法跳脫自己的框架。正因為是自己沒有興趣的內容，才會有新發現。

若因為太難而無法讀完，那也沒關係。

讀書這事，只要能在那本書中學到一件事，就有充分的價值了。就算是買了本一萬日圓的書，結果只認識了原本不知道的一個單字也無所謂。因為，你確實比讀這本書之前還要更往前邁進了。

試著抱持著輕鬆但不漏看「那一件事」的心情，從頭讀下去吧。

從文化來解讀未來

閱讀音樂與時尚的產業雜誌

在輸入時，靠「賣不出去的書」、「昂貴的書」來取得大家所不知道的資訊是一個要點所在。

這是以「稀少性」為重點的輸入，而另一件重要的事情是「新穎性」。

能夠闡述大家沒有料想過的新事物——也就是未來——也會成為武

器。知道最新的趨勢，並思考往後可能會發生什麼事情吧。

那麼，該從什麼開始學習最新趨勢才好呢？我推薦「**閱讀音樂與時尚的產業雜誌**」。

音樂產業領導著時代，總是走在尖端。

《音樂帶來未來》（暫譯，榎本幹朗著，DU BOOKS）一書中就詳細寫道，在提供訂閱制服務的部分，音樂也比電影和書還要更早。

時尚業界也一樣。由於流行的循環很快，很容易敏銳地反映出時代。

美國的運動鞋品牌「Allbirds」為了減少碳排放，使用天然材料來製作運動鞋。這家企業早在通過了SDGs的隔年，也就是二〇一六年就創業了。

Allbirds是從舊金山的第一家店開始的，現在已經將事業擴展至全世界。這完全就是靠領先時代的商業取得了巨大的成功。

領先時代的音樂業界與時尚業界，會成為預測往後社會會發生什麼事的線索。不僅如此，單純只是看著也很有趣，所以我經常會訂閱《滾石雜誌》和《WWD》。

股價會反映世界

變動的股價也會大幅影響社會的狀況。反過來說，「只要掌握股價的變動，就能理解社會情勢」。收集股價等與金錢流向相關的資訊，也會對領先時代有所幫助。

我想也有覺得必須要了解經濟與世界局勢，卻一直提不起興趣的人吧。這種時候，可以試著「投資」。

我為了讓自己關心世界經濟，購買美國的不動產。我不是投資股票，而是投資不動產。

跟股價一樣，不動產價格也會受社會情勢影響而變動。因此我想，只要實際投資不動產並當成是「自己的事」以後，就會對社會情勢變得敏感起來了。

結果正如我所想的那般，即便不願意，我也開始會從美國的權威經濟報《華爾街日報》等收集世界經濟的資訊了。

在第一章我也有稍微提到，若投資本身的目的是想要得到利益，那我不太建議。

我在擔任編輯時負責過與金融相關的書，因此也認識很多金融界的人。在此我感受到的是，倘若真想得到利益，就要從投入十億日圓開始。不過，假使不是為了利益而是經驗，那又另當別論。

若是因為對經濟有興趣，也就是「以收集資訊為契機的投資」，那可就有意義了。

理解美國，就能知道三年後的未來

日本這三十年來越來越貧窮。

從一九九〇年與二〇一九年的世界市值總額排行榜相比，馬上就能知道了。在一九九〇年的排行榜中，第一名是NTT，第二名是日本興業銀行，第三名是住友銀行，第四名是富士銀行，第五名是第一勸業銀行，前五名都由日本企業獨占鰲頭。此外，在前五十名的公司之中，有三十二間都是日本企業。

沒想到，在二〇一九年時擠進前五十名的只剩豐田汽車（第四十二名）。雖然市值總額只是一個指標，但很明顯，日本的存在感在全世界中越來越薄弱。

因此，若想要領先時代，就不能只著眼於日本。我希望你也能接觸國外的媒體，要針對商品、服務與文化，去檢視國外現在在流行什麼。

即使閱讀日本的暢銷商業書，作者也經常會把在海外得到的知識當成最新資訊來介紹。就我的觀察而言，在美國流行的東西，大多晚個三年左右就會在日本流行起來。

順帶一提，美國的書——尤其是商業書，有著經常會充分展示證據的跡象。

美國是訴訟社會，要是不小心寫錯了，搞不好馬上就會被告，因此給我一種確認書籍的內容比日本更嚴謹，會很確實製作的印象。

當你想要針對科學與經濟得到高可信度的數據時，我也推薦你入手美國的書。

與其背誦，還不如身處於大量的資訊中！

「記不住」的煩惱

「即使讀了書也會忘記內容。」

「明明才剛讀完文章裡的解說，卻無法順利說明。」

我想也有人會像這樣，因為記不住輸入的資訊而感到煩惱吧。

不過，沒有必要像準備考試一樣什麼都要硬記。倒不如說，不應該花心思去記這些。

如果是要對他人闡述高深的知識，那就得記住詳細的內容。只是對於二十幾歲的人而言，輸入的最大目的在於「得到多樣化的觀點」。

比起能夠把事情說明得很詳細，還不如身處於大量的資訊中，就算只是隱隱約約，也要得知「原來還有這種東西存在」。只要找到有興趣的事物，自然就會深入調查，不特別想著要記也會記住的。

此外，一旦持續輸入，就會慢慢看到事物的連結。這就跟理解世界史以後，對日本史的理解也會加深一樣，去接觸廣闊的知識，會更容易理解專業的內容。累積數量，理解的品質也會提升。

將資訊收集在手機裡

沒有必要強硬去記住輸入的內容。不過，假使有想要再回想起來的資訊，那最好筆記下來。

雖說是筆記，也不需要紙或筆記本。要最大程度地善用手機的「記事本」與「相機」等應用程式。

畢竟手機是經常會帶在身上的物品，不僅容易筆記，也很方便重新閱讀。只要將資訊積累在手機裡，隨時都可以跟資訊空間有所連結。

- 把在電子書裡看到覺得不錯的段落複製下來，貼在記事本應用程式中
- 有參考價值的網頁文章就用截圖保存下來
- 在路上看到在意的招牌就用相機拍下來

如此這般，把輸入的內容全都存在手機裡吧。

說起來，即便不整理收集到的資訊也無所謂。就不要分類，全部放在一起吧。或許在尋找時會需要花點時間，不過邊找邊回顧過去的輸入內容，也能用來代替複習。

與其花時間背誦或整理資訊，我希望你盡全力「身處於大量的資訊中」。

不被陰謀論欺騙的方法

看透資訊會變得越來越重要

一旦身處於廣闊且大量的資訊中，就能得到多樣化的觀點，這對學習「資訊判讀」也有所幫助。

舉例來說，關於是否要接種新冠肺炎的疫苗，討論很兩極。是該打針還是不該打針？哪邊才正確？老實說誰也不知道。

在這種情況下，只相信單方面資訊就做出判斷是很危險的。就如同我在第二章也有提到，一切的言論都只是立場不同而已。去看多方資訊來源，別被偏頗的資訊所騙了。

順帶一提，說到疫苗，有個有點耐人尋味的小故事。

針對俄羅斯侵略烏克蘭一事，有好幾個分析指出「沒有接種新冠肺炎疫苗的人，越有擁護俄羅斯的傾向」。換句話說，反疫苗的人大多與反烏克蘭的人重疊。

就好比有個調查Twitter的研究。根據東京大學研究所鳥海不二夫教授的分析，有九成散播親俄、反烏克蘭推文的帳號，在過去都曾散播過反新冠肺炎疫苗相關的推文。

恐怕，反疫苗跟反烏克蘭的人在「喜歡陰謀論」這一點上是共通的吧（當然，也有可能並非陰謀論者，只是主張自己的意見）。

他們幾乎都相信「新冠肺炎疫苗是○○所策劃的」、「虐殺人民是烏克蘭自導自演」等主張。

人們為什麼會相信陰謀論呢？

有一種假說是「為了治癒自卑感與孤立感」。「自己才知道事情背後的真相」會成為優越感，不僅如此，在同樣相信「真實」的夥伴之間也容易產生強烈的連帶感。

如果這個假說是正確的，或許往後陰謀論者會增加。現代的富裕階級與貧窮階級正走向兩極化，過去處於中間階級的人會慢慢地被推向貧窮階級。

這麼一來，社會上的資訊很有可能會「偏向陰謀論」。看透資訊會變得越來越重要。

稍微讓我偏離個話題。我自己認為陰謀論只用看的是很有趣，但「就算相信陰謀論，人生也不會變得正面」。

習慣只收集偏頗的資訊，或是被把陰謀論者當成「肥羊」的商業所利用，不管怎麼說都沒好事。

只要身處於資訊中，就會知道「沒有敵人」

那麼，再講到疫苗。我為了美國的永居權不得不來美國，所以已經打完針了。不過，我不會因此對部下、朋友或是家人說「給我去打」，畢竟每個人都有自己的判斷。

不要將自己的判斷強壓在他人身上，這也是在輸入過程中出乎意料的要點。

在透過書或網路收集資訊後，我們就會想把得到的資訊告訴他人。跟別人說是沒有問題，但即使被對方反駁，也要尊重對方。

要相信什麼資訊、要選擇什麼都是自由的。不可以盲信一個觀點，也不可以強壓給對方。

當人類只用一種立場看待事物時，自然會變得有攻擊性，會深信「自己是正確的」，把跟自己意見不同的人視為「敵人」。

正因如此，才必須擁有多種觀點。只要認定「沒有正確答案」，就能平等地看待事物，即使面對相反意見，也能接受「只是立場不同而已」。

一旦知道沒有敵人，憤怒跟不安也會消失。身處於大量的資訊中並擁有廣闊的視野，對精神面也會有正面影響。

CHAPTER・3的行動計劃

7・追蹤海外的新聞網站（新聞或電視台等）Twitter帳號

為了領先於趨勢，要關注海外的媒體。Twitter可以輕鬆地查看，資訊的新鮮度也夠高。

8・以美國的商業書籍（翻譯版）為主來閱讀

商業書籍很多，如果感到困惑，就選美國的商業書吧。事實查核做得很確實，資訊的可信度通常也高。

9・每天都要檢查國內與美國的股價、匯率

只要知道股價和匯率，就能理解社會的變動。就來投資並每天檢查吧。

CHAPTER

4

讓每一天過得有意義的「習慣」之力

輸入不是像臨時抱佛腳一樣，一口氣就能執行的。我們需要每天掌握世界的變化，一點一滴累積。

你每天都度過了有意義的時間嗎？是否把時間浪費在無聊的事情上呢？

想要充分利用到二十八歲前的短暫時間，就必須珍惜每一天。為此，我們不可或缺的正是「習慣」。

你的時間正在被掠奪

滿是免費與訂閱服務的現代

當你被問到回家後或休假都在做什麼時，是否曾煩惱過「這麼說來，我到底是做了什麼」呢？

在多數狀況下，時間都被網路奪走了。

就好比YouTube。上面上傳了各種影片，甚至現在連藝人也有自己的YouTube頻道。

在Netflix裡可以看到全世界的連續劇跟電影。因為是根據用戶的喜好來選出「推薦影片」，會更容易遇到喜歡的影音內容。

只要打開Twitter與Instagram這些社群平台，馬上就能知道朋友的近況。至於透過LINE或Messenger，隨時都能輕鬆聯絡。

也有人會沉迷於社群遊戲。有時候版本更新會有新的劇情，這是個能長時間遊玩的機制。

這些服務基本上都是免費或是訂閱制，不過可以無限遊玩下去，時間會「逐漸融解」也是理所當然的吧。

我們被迫陷入依存狀態

免費的服務是建立在廣告費上的。對企業方來說，必須盡量長時間讓用戶停留在服務上，不斷看廣告才行。

所以經營社群平台與社群遊戲的企業，都在拚命想著「該怎麼做才能讓用戶進入依存狀態」。或許是因為這樣，甚至有企業會雇用腦科學家。

利用對社群平台的「讚」與遊戲裡「稀有角色」的欲望，使腦內分泌多巴胺，接著打造成沒有網路就活不下去的依存狀態。

我無法保證這是無害的。想必有很多人都聽過「蘋果的史蒂夫．賈伯斯不讓小孩碰 iPad」，或是「微軟的比爾．蓋茲不讓小孩持有智慧型手機」這類的事吧。

互相掠奪你的可支配時間

市場競爭至今為止都是透過「互相掠奪你的可支配所得」來運作的。

所謂的可支配所得，意指從薪水中扣除掉稅金與社會保險的金額，也就是你個人能自由使用的金額。該如何將消費者有限的可支配所得用在自家的商品上，是行銷的關鍵。

而現在已經進一步變成「互相掠奪可支配時間」了。影片、音樂、遊戲與書籍。跨越類型的壁壘，許多企業都參與了這個競爭。

影音內容會蓬勃發展，也是考慮到了「可支配時間」。

若是電影或連續劇等，時間會被觀看畫面這事給綁住。不過只要有Podcast、有聲書以及像Clubhouse這種影音社群，就算一邊做家事或運動也能聽，可以有效率地運用現代人的短期可支配時間。

在GAFA中，Google、Apple、Amazon這三家公司都已經推出了智慧音響，這也是看準了影音內容的未來前景。

無論如何，現代人的時間正不斷被奪走。如果什麼都不思考地活著，日子將在不知不覺中過去，二十多歲的時光也會結束。

自己現在把時間用在什麼上呢？時間是否正在被奪走呢？我們要隨時意識到這一點。

從每天「早起十分鐘」開始

不能仰賴動力

要留心別被網路上的娛樂給奪取時間，空閒時間要用在學習與收集資訊上。雖然這很理想，但總有人會因工作等感到疲憊，一直提不起幹勁吧。

該怎麼做才不會流於鬆散，每天都能過得有意義呢？

我總是會給出這個建議。

「不能仰賴動力。」

有許多人認為自我成長需要強烈的動力。譬如「設定目標來振奮精神」、「準備達成目標後的『獎勵』並為了獎勵而努力」等，去嘗試探索自己的「心情」。

只是，要一直處於保有強烈動力的狀態並不容易。提升的部分，總有一天會下降。

「透過提高動力來採取行動」，換句話說，即是**「只在動力強烈時才行動」**。能否採取行動全憑心情，換言之，若沒興致就無法學習了。

正因如此，才必須排除動力。「跟是否有強烈的動力無關，強制性每天學習」的狀態最為理想。為此，我們需要**「建立習慣」**。

在刷牙時，我想應該沒有人會刻意想著「來設立把牙刷乾淨的目標吧」，或是「只要有刷牙就要獎勵自己」吧？

這跟動力無關，只是因為「每天都必須做」而持續下去。學習也一樣，只要建立習慣，打造「必須每天做」的狀態就好了。

習慣刷牙的人，如果沒刷牙就躺在床上，也會因為噁心而睡不著。若養成學習的習慣，沒有學習就會感到噁心，那自然就會去書桌前了。

首先要「捨去」目前的習慣

想要建立新習慣時，該如何擠出時間就成了問題。時間是有限的，這也不用我說。我們無法改變一天二十四小時。要在不放棄過去的任何習慣之下加入某種新事物，幾乎是不可能的。所以要建立新習慣時，首先得思考該「放棄」什麼。

舉例來說，要養成早起的習慣，自然會削減睡眠時間，這就是放棄「睡到自然醒」。

試著回顧自己過去一週的行動吧。你將「可支配時間」用在哪裡了呢？

或許是網路上的娛樂奪走了時間，抑或到處去喝酒的時間太長了。

你要抱持覺悟，在會花時間的事物中放棄某一項。如果用手機看太多YouTube的影片，就把應用程式刪掉，倘若是跟朋友的飲酒會太多，那就必須拒絕邀約。

以防萬一我先說明，我不認為「所有的時間都需要過得有生產力」。就如同《時間編輯術》（朝日出版）中也寫道，人生並非只有生產力的時間，也需要非生產力的時間。

不過，比起在裝滿的箱子中硬塞入東西，先把什麼拿出來，再把新的東西放進空出來的空間，會比較輕鬆吧。輸入的習慣也是，等建立空白時間後會比較容易持續下去。

維持九十天的小習慣

建立習慣最重要的是「就算只有一點點也要每天持續」。不可以突然一天就勉強自己要學習好幾個小時。

舉例來說，試著從「每天讀書十分鐘」開始。暫時先持續十分鐘，有自信後再慢慢延長至二十分鐘、三十分鐘。

我個人的經驗是，只要偷懶一次，好不容易建立起來的習慣就會崩壞。在不勉強自己也可以持續的範圍下進行就好。

咖哩連鎖店「CoCo壹番屋」的創始人宗次德二先生據說每天都會在早上三點五十五分起床，去總公司附近打掃，就連颱風天也從不缺席。

或許有人會覺得都颱風天了，就算打掃了也會馬上變得凌亂不堪，完全沒有意義。即便如此他依舊每天持續，是因為假使有了「若是天氣不好就不做」這類例外，就無法順利建立習慣。

要建立習慣平均得花六十六天，也就是大約兩個月，保險起見，持續九十天＝三個月才能放心。只要做到這程度，習慣就建立起來了。為了讓自己擁有「不做就感到噁心」的狀態，請有耐心地持續下去。

「早起」的好處

以時段來說，白天會比晚上更容易建立習慣。

晚上會有很多像是工作或聚餐等不好空出時間的情況，但若是早上，只要制定好「要空出〇分鐘讀書的時間」，並從出門的時間反推來早起就解決了。除非有特別情況，不然都不會有習慣被打破的風險。

無論哪本商業書籍裡都提到「要早起」。我身為商業書編輯時也沒有認真接受過這些成功法則，直到四十五歲前都沒好好早起過。

但是實際嘗試早起後，我便確信「早起會改變人生」。

一天會明顯變長，可以做的事情增加了。而行動量增加，知識、經驗與邂逅也會增加，每天變得越來越豐富。希望你務必要實踐看看。

如果不擅長早起，我推薦你「起床後馬上去淋浴」。這會讓你強制醒來並感到清爽，也會提起幹勁。

一旦決定要去淋浴了，就每天執行。只要持續九十天，便能建立「早起後淋浴↓輸入」的例行公事了。

CHAPTER · 4的行動計劃

10 · 只是提早十分鐘起床

突然要早起一小時難度可能太高了。為了「持續」習慣，就先從早起十分鐘開始。

11 · 重新審視過去一週運用時間的方式，放棄「無謂的習慣」

要開始新的習慣，就必須放棄一個現有的習慣。讓我們重新審視自己的時間運用方式，並放棄那些被認定為「無用的習慣」。

12 · 採納新習慣

運用在行動計劃11中所空出的時間，開始做一些新的事。如果你沒有想法，我建議你養成閱讀等輸入的習慣。

CHAPTER

5

「人生百年時代」的工作方法

隨著醫療發達，人類變得能活接近一百年。然而，我們無法對此單純感到高興。

壽命延長就意味著需要更多生活費，退休年齡也會延後，我們不得不比過去還要工作更長的時間。

此外，在AI和機器人正逐漸取代人類工作的現代，我們目前的職業在十年後可能就不存在了。

在這一章節，我會說明在這種「人生百年時代」中人們被要求的工作方式。

捨棄「正職人員信仰」！

不要輕易以「靠做喜歡的事過活」為目標

「靠做喜歡的事情活下去吧！」

「從事能發揮自己長處的工作吧！」

這些是我最近經常聽到的話。

想遇見使自己雀躍不已的工作、保持原樣就能順利完成的工作——人人都有想遇見這種「天職」的願望。

然而，就如同無法從現在的自己找出「想做的事」一樣，最好不要用現在的「喜歡」或「長處」來找工作。

首先，來談談「靠自己喜歡的事情過活」這件事。

確實，如果喜歡的事跟工作有關又能賺錢，那沒有比這更幸福的事了。要是「喜歡買賣股票」或是「喜歡程式設計」，也許可以投身金融或ＩＴ業界。

但是，有多少人能夠把「喜歡」與工作直接連結在一起呢？

多數人都是活在消費的那一方，好比「喜歡旅行」或「喜歡看YouTube」。把興趣變成有生產力的技能還能跟工作連結在一起的，只有極少數的人。當下的「喜歡」無法當作參考。

大家也經常會說「要發現自己的長處」，但要是你真的已經擁有長處了，那你早該察覺到了才對。必須去尋找的長處，才不是什麼長處。

去做診斷測試、進行職涯的優劣諮詢等，就算澈底運用自我分析工具來找出優勢，這些優勢也很「弱」。

縱使掙扎著想運用這些勉強找出來的「弱優勢」，也只會變得痛苦而已。

「靠做喜歡的事情活下去吧」、「從事能發揮自己長處的工作吧」，這些不過是自我啟發研討會或轉職經紀人的宣傳標語。

「探索者」（Explorer）的舞台

在桌上進行自我分析是沒有意義的。想找到「天職」，只要持續致力於「新事物」就好。換句話說，最好不斷地轉職。

就連暢銷書《100歲的人生戰略》，也建議我們擁有「探索者」的舞台。

探索者的舞台是行動與發現的時期。

不在一個地方安頓下來，而是體驗多樣化的經歷。在這樣的過程中會擴展自己的可能性，慢慢找出能熱衷的事物。

據說「十八到三十歲左右」最適合當探索者。換句話說，大概是二十幾歲。

不知道該做什麼工作才好的人，就先嘗試各種工作吧。去體驗廣闊的業種和職種是好的。

此外，就如同《100歲的人生戰略》中所說，科技的變化會消滅陳舊的職種，誕生出新的職種。

雖然不時就會有人說「只要有一技之長就不會活不下去」、「取得證照並從事專業工作就安穩了」，不過要是因為「一技之長」或「證照」就大意，可能會被時代淘汰。

就連行政書士、律師、會計師這種需要專門證照的職業，被ＡＩ或機器人取代的可能性也很高。必須持續、廣闊地學習並保持柔軟性。

就這層意義上來說，探索者的舞台就很重要。增加往後人生能選擇的道路，會成為克服變化的不時之需。

堅持「穩定」而依賴一個職業，風險反而會變高。

不要成為「牢籠中的動物」

在日本，有所謂「正職員工比較偉大，非正職員工就不行」的風潮。甚至還聽過有公司的愚蠢正職員工用一臉了不起的態度去欺負約聘員工。明明做著相同的工作卻以為「正職員工很偉大」，是因為以前正職員工的待遇跟地位都比較有保障。

但是，現在不同了。

自二〇二二年起，根據「兼職及定期雇用勞動法」，差別待遇被明文禁止。受新冠肺炎疫情影響，即使是正職員工，也有可能被開除。

既然如此，就沒有必要執著於正職員工了，倒不如說這很虧呢。如果緊咬著正職員工的地位，就必須忍耐討厭的上司跟討厭的工作，可能會得憂鬱症、搞壞身體，最糟的情況甚至還會被逼到自殺。

老實說，正職員工就是「牢籠中的動物」。什麼也不做就能得到餌食，但另一方面，也會失去自己活下去的能力。

想要靠自己活下去，就必須要有「不得不覓食」的緊張狀態。你得脫離動物園，飛奔進嚴峻的大自然中。

在不斷變化的現代，我們需要有靠自己活下去的力量。比起穩定，更重要的是「能否自我成長」。捨棄「正職人員信仰」，用廣闊的視野來找工作吧。

「做超過薪水的工作」是損失嗎？

我在深夜的超商打工時所學到的事

若正處於當探索者不斷轉職的時期，那堅持做正職員工就更沒有意義了，畢竟正職員工的工作方式是以長期工作為前提。無論是約聘員工還是打工都可以，要去參與各式各樣的工作。

就好比超商店員。大夜班會有從國外來的留學生，因為能用外文處理超商的諸多業務，優秀的留學生並不少。和他們交流能知道國外的情況，也會有所發現。

在咖啡廳當服務生也不錯。尤其是六本木、麻布和銀座的店，一流的商業人士都會去。只要豎起耳朵，或許就能聽到有趣的事。若表現良好，還有可能被挖角。

當Uber Eats的外送員也行，在時間上很靈活，可以輕易掌控人生，例如把空閒時間全都用來讀書。

無論什麼工作都有學習的益處，並不限於白領。我希望你不要依喜好去選擇，試著到處體驗。

免費工作會成為良機

曾經諮詢過我的上市公司社長，在高中輟學後是靠打工維持生計的。

不久後他便對自由工作者的生活感到不安，二十幾歲時，他開始對不動產業務的工作感興趣。後來雖進入了不動產公司，卻因為學經歷都不夠，總是擔任物件的清潔負責人。

於是他就利用休假去做上門推銷的業務工作，一整年不停地在假日販售自家公司的物件，最終成功簽約，公司也認同了他的工作成果，得以調動成業務人員。

就像他一樣，免費做工卻成為良機的案例並不少。即使沒有經驗，只要免費去做，就容易得到挑戰的機會，花時間去做出成績也能被主管諒解。在身為沒有任何能力的門外漢時，要以增加工作經驗而不是報酬為目標會比較好。

我這樣說，或許會有人覺得這是「黑心企業」、「生錯時代」而感到憤怒。

然而，如果不做超過薪水的工作，而是付多少錢做多少事，你就會失去

快速學習的機會，特別是在二十幾歲這個年輕力壯、學習能力最好的時候，這樣會很可惜。我認為做超過薪水的工作，成為能幹的人是再好不過了。

我自己就是如此身體力行。還在出版社時，在商業上都是無償幫助作者的。若為其他公司出版，我會負責支援和行銷相關事宜，而正因為有這樣的經驗，在我自立門戶超過十年後依舊能夠藉此餬口。

就因為是免費的，不只能拿到機會，也能挑戰，最終學到經驗跟技能。

沒有人一下子收入就很高。不安於現狀、不消沉，並努力去做的人會得到好工作跟好職位。簡單來說，要做超過薪水的工作，薪水才會提升。

當然，這個意思並不是叫你要「不停被低廉的薪水給壓榨」。盡可能去學習在那個環境能學到的東西，當開始覺得學習得差不多了，就轉職跳級。繼續待在沒有學習目標的環境也沒好處，等成為專業人士之後，就該拿到適當的薪水。

「沒有值得尊敬的人的職場」就馬上辭職

在不停轉職的過程中，很快就會遇到能樂在其中的工作。

就我來說，便是編輯的工作。我在二十五歲前並沒有正職，不過在二十八歲時偶然進到小型出版社，並在那裡工作了十年。結果，我推出了累計超過一千一百萬冊的暢銷書。

然而，我也不是一開始就覺得編輯是我的「天職」，老實說，我現在甚至覺得自己並不適合。

之所以能熱衷於出版工作，都是多虧了職場環境。

當時Forest出版社是一家小型出版社，還正在發展中。待在會成長的公司裡，自然會變得有所追求。

最重要的是，我有值得尊敬的上司。多虧我有打造了《情感行銷法完全實踐——讓你的公司在90天就賺大錢的方法》、《非常識成功法則：創造財富與自由的8個習慣》（暫譯，神田昌典）等許多暢銷書的中西謠先生當我的老師，才讓我大幅成長。

「是否有值得尊敬的人」，是選擇工作重要的標準。

投資之神華倫·巴菲特被學生問到該如何選擇工作時，也一定會回答「要在值得尊敬的人底下工作」。因為，「最重要的是對自己而言有可以被稱為英雄的人」。

如果有會讓自己覺得「想為這個人工作」或是「想接近這個人」的前輩，成長速度會飛躍性提升，自然也會開始喜歡上那份工作。

天職並非一開始就存在，而是在全力工作的過程中**「成為」天職**。正因如此，要找出自己會想努力的環境。

會讓成長速度飛躍性提升的習慣

越「能幹的人」回覆越快的原因

在身為探索者的期間要不停轉職。此時不能以「反正都會辭職」為由來敷衍工作，要建立有意義的職涯，就需要有「成為這個地方最能幹的人！」的氣概。

在此，我想介紹以最短途徑成為「能幹的人」的方法。我重視的是

「立即回覆」、「立即報告」、「立即答應」這三點。

首先，「立即回覆」是要馬上回覆郵件或群組聊天室等。

我在接受不動產業者或維修業者等服務時，會避開回應很慢的業者。作為我活了四十八年所得到的結論，「不會有回覆很慢，工作卻很能幹的人」。工作對象當然也是，我會因回覆快速來做出選擇。

或許你會認為「大忙人就算回覆很慢也無可奈何」。然而不可思議的是，越忙碌的人越會馬上回覆。

身為編輯與出版製作人，我跟商業書籍的作者會密切接觸。撰寫商業書籍的人都在本業上取得成功，並寫下其中的竅門。也有不少人致力於各種業務，甚至還要寫書，比一般人忙碌好幾倍甚至好幾十倍。不過，他們的回覆都非常快。

為什麼成功人士都會「立即回覆」呢？我想是因為深知「時間的重要性」吧。

舉例來說，讓我們來思考預約會議時的情境。

你打算調整會議的日程，於是詢問「下週一或二哪天方便」。若對方馬上回覆你「週一」的話，週二就可以加入別的行程。

然而，要是對方遲遲不回覆，你就必須將週一跟週二都空下來。而且在這段期間，你可能會焦急地想著「郵件是否有確實送達」、「對方是否不喜歡會議的內容」等等。只要回覆一慢，就會給對方造成負擔。

根據內容而定，也有必須仔細思考該如何回覆的時候。而這種情況下，只要先回覆「我明白了，仔細討論過後會再聯絡」就行了。光只是讓對方知道郵件送達，就會大幅減少對方的負擔。

如此這般，「立即回覆」是跟工作夥伴建立良好關係的關鍵。正因如此，成功人士都會「立即回覆」。只要養成馬上回覆的習慣，我想你的工作就會越來越順利。

或許你會心想「不過是封郵件而已」。然而，隨著遠距工作的普及，和人直接接觸的機會正在減少。

如今在網路上跟人溝通的重要程度不斷提升，是否能「立即回覆」會直接影響信賴關係。

只要被上司和客戶信賴，對方也會把下個工作或具有挑戰性的工作交給你。反之，若被認為是「不能幹的人」，就只能一直做常規工作了。所以，成為一個因「立即回覆」而被另眼相看的人吧。

靠「立即報告」讓大腦全速運轉

「立即報告」也跟信賴關係有關。

若怠慢報告，上司與客戶都會感到不安。假使對方問你「情況如何」，那麼，你要心想是你報告的頻率不夠。要努力看準時機，勤勉報告。大多時候忽略報告是因為情況不順利，畢竟人是報喜不報憂的生物。不過還請留意，無論是什麼內容都要即時報告。

如果因為怕被罵而避免報告壞事，反而有可能會出大事。好比截止日期會延後的報告要儘早說會比較好處理，而試圖自己解決投訴，也可能會引起麻煩。

避免報告是感性的行動，並非合理的行動。養成頻繁報告任何事情的習慣吧。

說到這裡我想任誰都注意到了，應該即時報告的原因可不僅如此。一旦決定要「立即報告」，大腦就會為了做出好的報告而全速運轉。

再讓我重述一次，人是報喜不報憂的生物。

倘若必須立即報告任何事，你的大腦就會嘗試避免壞結果，並為了不做出壞報告而開始全力工作。

只要努力「立即報告」，在工作上自然會變得越來越能幹。

「立即答應」會帶來機會

接下來是「立即答應」。當感到猶豫時，就馬上說「是」。

「即使不曉得能不能做到也要說是嗎？」——若我這麼說，可能有人會這樣問吧。絕對做不到的事就另當別論，但如果是「不曉得能不能做到」的事，我建議先試著答應下來。

這跟現在能否做到無關。只要先答應，之後再想該怎麼做就好了。可能有人會生氣地覺得「不要隨便答應」，但是，不立即答應就無法成長。

只做自己能做到的事，現狀也不會有任何改變。是因為去做目前做不到的事，你才會想辦法突破，才能有所成長。要成為「能幹的人」，立即答應是不可或缺的。

立即答應也有「增加機會」的好處。

理所當然地，當我們向別人搭話時被拒絕或遭到推辭，或多或少會產生負面的印象，下次就不太會想再去搭話了。

反之，只要不斷立即答應，別人就會覺得「這個人應該會接受」，便有更多被邀請或被委託工作的機會。這些機會都應該要持續立即答應，忙不過來時再拒絕就好。

沒有自信的人可能會覺得立即答應很可怕。然而，正因為是沒有自信的人，才更應該透過「立即答應」來創造機會到來的情況。

工作的排程化

等能做到「立即回覆」、「立即報告」和「立即答應」後，就來挑戰「添加期限」吧。當被委託做某件工作時，除了「我知道了」以外，還要回覆「會在〇點之前完成」。

人在截止期限逼近時會提高生產力，這就是所謂的「**截止期限效應**」。藉由制定期限給自己壓力，便能發揮超過平常的表現。如此一來，自然就會慢慢接近為「能幹的人」。

想要制定適當的截止期限還必須要管理工作，這點也有訣竅。

多數人都是把工作條列出來，像待辦事項清單那樣去管理。不過，用待辦清單會很難知道各個工作需要花費多少時間。

在此，我推薦的是「**工作排程化**」。

這種方法是在日曆上寫下工作並將時間確定下來，好比「〇點到〇點寫企劃書」等。落實到排程中更容易掌握每個工作的量，也能判斷自己在何時能完成多少工作。

這個行程表不是以一小時為單位，而是以三十分鐘為單位來安排。

不知道為什麼，我們很容易以一小時為單位來安排行程，也因為這樣，原本只需花幾十分鐘就能完成的工作也會懶散地花上一小時。只要把工作分成三十分鐘為單位，就能減少這種時間浪費了。

即便像這樣管理工作，也有可能無法如期完成。若趕不上期限，一定要在約定時間前報告情況。而這種時候，也要再度加上「在〇點之前完成」的期限。

行政聯絡會關係到機會

用「對方的視角」使你備受敬佩

無論什麼工作，都有不得不寄行政信件調整日程、發送資料等情況。此時，你是否因為「這只是一點小事」而掉以輕心了呢？

正因為是小事，才更不能馬虎。光只是稍微用點心，便能讓人覺得「這個人似乎很能幹」，並對你感到敬佩。

就好比在介紹會議場所時，多數人都只會標注位置資訊，好比寫下

「〇區〇街……」等會議室或店家的所在地。

不過，可沒有比這更不親切的事了。若只發送所在地，對方就得自己查該怎麼去，八成會覺得麻煩。

請補足以下的資訊吧。

● 場所的名稱（大樓名、店名）
● 預約人的名字
● 最近的車站
● 最近的出口
● 從出口徒步要走多久

像最近的車站或出口都是自己也得查的事，只要把這些寫在郵件中就行了。雖是微不足道的體貼，對方卻會因此對你留下好印象。

「編號」可以減少麻煩

在約行程時也是，只需一點巧思，印象就會大為改觀。作為日期和時間的選項，寄送這種信件：

- 一月一日十點～十一點
- 一月三日十點～十一點
- 一月五日十點～十一點

以及這種信件時：

①一月一日十點～十一點
②一月三日十點～十一點
③一月五日十點～十一點

你覺得哪一種比較好回覆呢？不用我說，當然是後者的時間成本比較低，我們已經做好編號，對方只要回我們「編號」就好了。

此外，這時我希望你也別忘記「標示結束時間」。有人會用「○點開始」的說法，卻很少有人會傳達「○點開始○點結束」。

如果不知道什麼時候會結束，對方會不好安排下一個行程。再者，要是沒有決定結束的時間，就會不自覺拖延會議的進行，平白浪費對方的時間。

其他還有各種巧思，可以不浪費對方的精力和時間。

在不需要回信的情況下附上「無須回覆」也是同個道理，好比小工作完成的報告和道謝的聯繫等。

當你打開電子郵件，發現內容並不是要由你來採取行動時，是否曾煩惱過該不該回覆呢？

光只是在信中加上「無須回覆」就可以減少對方的麻煩，也能避免郵件箱中堆積不必要的訊息。

如果相處時間長了，或許不需要這麼多關心，彼此的工作就能很順利。然而在第一次工作，或是剛進入某家公司時，最好要做到過於仔細的程度，這樣可以讓人留下「即使是行政聯絡也不馬虎，相當能幹」的第一印象。

不要害怕「特立獨行」

建立「不拿出成果就很糗」的情況

我還在當編輯時，是頂著金色的棕髮加上燙鬈這種打扮去上班的。雖說出版業的自由度很高，但商業書的編輯大多還是會穿著西裝，所以，我應該很讓人反感，而且覺得不太可信任吧。

不過，我在工作上是很嚴謹的。為了不讓人認為我是如外表般輕浮的人，我腳踏實地做出了成果。

於是周遭也慢慢開始對我改觀，覺得「長倉那傢伙跟外表不一樣，挺能幹的」。或許是因為這種反差，我也開始被公司外的人記住名字。

我想表達的是，「不要害怕特立獨行」。

一旦消除了存在感，無論你做什麼，周圍的人都不會在意。因為不管是否努力都不會改變，你就會變得不在乎工作。

而持續消除存在感後，你會開始覺得這種狀態很舒服，「不想引人注目」成了首要考量，你將不再發表與他人不同的意見，也會害怕針對看起來很有趣的專案發言。

因此，你最好習慣引人注目。大膽地引人注目，成為一個有存在感的人吧。當你覺得自己受到關注了，即便討厭，也會想要得出成果。

特別是在線上會議和遠端工作成為常態的時代，要是不表現得非常引人注目就不會被記住。總之，要讓自己的特色強烈地顯現出來，即使是從外表如髮型打扮下手也無妨。

人只要成群結隊就會變弱

人不是因爲弱小才成群結隊，而是因爲成群結隊才變弱。

這是寺山修司所說過的話。

所謂成群結隊，意指「同一個集團」。一旦習慣跟相同的人聚集在一起，就會害怕被從這個團體中排除，並為了跟周遭同步，開始不說自己的意見。

於是，人們逐漸失去了自己思考的能力。這就是「人只要成群結隊就會變弱」的結構。

想掌握生存力，就不能隨波逐流。我們得時時刻刻思考「該怎麼做」，並自己做出選擇。

無論是工作還是私人生活，我們都要積極地與眾不同，從群體中脫穎而出。不隨群的生活方式能培養思考能力，使你接近於「能幹的人」。

CHAPTER・5的行動計劃

13・選擇「可以遠距辦公」的工作

如果沒有想做的事，那就試著將「能否遠距辦公」視為選擇工作的一個標準吧。遠距辦公不需要通勤時間，也很容易累積副業等其他經驗。

14・意識到「時間」來進行溝通

「能幹的人」會重視對方的時間。一定要「立即回覆」郵件，預約行程時也要提供「預計結束時間」。

15・當志工

無償工作會成為機會。如果是志工，即使沒有經驗也很容易參加，還能對社會做出貢獻。試著應徵感興趣的項目吧。

CHAPTER

6

人際關係的停滯就是「人生的停滯」

要重視初體驗並採取行動，讓自己身處於大量的資訊中，還要不停轉職，以「能幹的人」為目標。

目前為止我所闡述的內容，都是想要「脫離自己的框架」所不可或缺的。若想過上自己真正想過的人生，就不能活在過去的延伸上。

而想要跳脫自己的框架，還必須「改善人際關係」。這究竟是怎麼回事？我想在第六章詳細說明。

人際關係的停滯就是「人生的停滯」

我搬到夏威夷住的原因

我在當編輯時曾大量閱讀過自我啟發的書，而許多書中都會寫到「人類會成為周遭五個人的平均」。

舉止、興趣、教養的程度與年收入，這一切都會因與你最親近的五個人是怎樣的人而改變。

此外，無論是哪本自我啟發書，都會用這種建議來當結語。

「人生會因為人際關係而改變，所以想要成功，就要待在成功人士身邊」。

老實說，我覺得這種成功法則很蠢。

但是就這麼剛好，編輯是種身邊成功人士很多的職業。撰寫自我啟發書的作者都已經是成功人士，只要編輯他們的書，自然就會有所交流。

我善用編輯的人脈，澈底改變了人際關係。我親自嘗試了「人際關係會改變人生」的這個教條，可以說是「人體實驗」。

在「人體實驗」的過程中，我所製作的書接二連三成為暢銷書，這就是我在旁邊看著成功人士的行銷學與工作方式所帶來的影響吧。

我創造了好幾本年度暢銷書，並運用我的職業生涯成為一名獨立的出版製作人。結果，我的年收入成了普通公司員工的十到三十倍以上。

不僅如此，我還開始在國外過上兩據點生活。因二〇一一年的東日本大地震，我選擇了夏威夷作為臨時避難地，結果不知不覺就移居到那裡了。

現在回想起來，可能是因為我周圍有很多人在夏威夷或新加坡過著兩據點生活吧。如果周圍沒有這樣的人，我應該不會想到要選擇夏威夷作為避難地。

「環境↓感情↓行動」的法則

許多成功法則都說要「馬上行動」，但要是想行動時就能馬上做到，那也不用這麼辛苦了。

這世界上少有「想瘦下來只要別吃東西就好」便成功減肥的人，因此大多數人即使「想要念書」，等回過神來後已經在玩或是在睡覺了。

能靠幹勁或動力勇敢邁進的只有一部分人而已，大部分人都是腦子懂了也無法行動。只靠「想做」的情緒，很難付諸行動。

那究竟該怎麼做才好呢？需要的是改變環境。

就如同在我的拙作《移動力》（暫譯）中所寫的那般，要用**環境↓感情↓行動**的順序來行動。

就算是家裡蹲，若有炸彈掉進家裡，人們也會奔逃出門。一旦處於不得不改變的狀況，任何人都會產生危機意識並開始行動起來。

若改變環境，思維和人生也會像玩黑白棋一樣隨之改變。這就是我在開頭所介紹「人類會成為周遭五個人的平均」的機制。

是朋友還是夢想殺手？

舉例來說，當「想要念書」或是「想要減肥」時，就會有人去學習減肥法或讀書方法等竅門。但是若不從環境下手，也很難有什麼成果。

縱使有想改變的現實，但生活周遭的人事物都跟以前一樣，譬如只跟過去相同的人見面，並不會有太大的效益。首先，我希望你能理解，我們的結果都是由環境產生的。因此當你想學習時，就試著靠近會學習的人；假使你想減肥，就去會運動的人身邊吧。

反過來說，倘若你一直和過去同樣的人交流，永遠也無法改變的。倒不如說，家人、朋友、戀人很容易成為你的絆腳石。

若你讀了本書後想要開始做「嶄新的事」，你身邊的人可能會試圖阻止你吧，他們就是所謂的「夢想殺手」。

為什麼他們會成為夢想殺手呢？原因很簡單，因為他們覺得「不舒服」。當身邊的人產生變化時，他們的內心會感到很混亂，害怕自己平靜的日常生活是否會被打亂。於是，他們會找出看似合理的理由來反對你想做的事。

待在和原本一樣的環境，就會順著夢想殺手所說的話而持續維持現狀。正因如此，想要改變人生，最好也要改變人際關係。

即使「父母轉蛋」抽歪了，也能豐富人生的方法

科學所產生的「人生解答」

二〇一一年，「父母轉蛋」被選為流行語大賞的前十名。

這個思維模式是「孩子的人生會受父母是怎樣的人所影響」。

富有雙親所生的小孩會變成有錢人，高學歷父母所生的小孩也會是高學歷，而父母外型亮眼，小孩也會長得好看。

關於父母帶來的影響，《毫無道理的遊戲社會》（暫譯）、《實力也是一種運氣》（暫譯）、《不會切蛋糕的犯罪少年》（遠流出版）等暢銷書中也有尖銳提及。在現代，「父母轉蛋」成了不容忽視的問題。

我負責製作其著作的史丹佛線上高中校長星友啟先生，也意識到這樣的問題。他表示「在美國，能否進入好大學的兩大因素是『父母的年收入』和『住在哪裡』」。父母的身分會影響孩子能進入的大學等級。星校長之所以參與線上教育，這個事實也是契機之一。

這種情況也正在日本發生。根據東京大學的「學生生活實況調查（二〇二〇年）」，在東大的學生中，父母家庭年收入超過一千零五十萬日圓的家庭占了百分之四十二點五。

或許有人會認為「只要努力總會有辦法」、「不要怪罪於父母」，但近年的研究已經逐步證明「父母轉蛋」在科學上的正確性，可以說科學揭示了人生的真相。

不過，我們不需要感到絕望。

即使我們的能力有限，只要充實人際關係，人生就會變得豐富。

善用最強的資源「人際關係」

人生的四大資源是「時間」、「能力」、「人際關係」和「金錢」。這些資源的總量越多，人生就會越豐富。

這四大資源並不需要全都具備。即使沒有能力，只要有錢就可以雇人，而縱使沒有時間，有能力也可以完成許多事，重要的是總量。

以我們這些凡人來說，首先，我們手頭的資源是「時間」。關於時間，《時間編輯術》（暫譯）一書中已經寫過了，希望你能參考那本書。這次，我們來聊聊人際關係。

人際關係是最能擴大人生可能性的資源。

間。

改變了人際關係，能力就會提升。而當你能賺到錢時，也會有更多時間。

以「父母轉蛋」的主張來說，能力的提升有極限存在，但這也可以透過人際關係來解決。沒時間就拜託有時間的人，沒能力就拜託有能力的人，沒錢就拜託有錢的人。

如果只想在自己的框架內努力，你能做的事就不會超過你所擁有的資源。

對於那些認為自己在「父母轉蛋」中抽歪的人，想要充實人生，充實人際關係是必要條件。

跟憧憬的人相遇會改變習慣

散步對身心有益，這是許多書中都提到的。在《天才們的日常》（暫譯）一書中，我們也可以得知許多偉人都有散步的習慣。

我每天早上都會去散步，但以前我大多靠計程車移動，因為我深信這樣很酷。我自以為是地想著「我一天連一百步都不想走」，因此不會靠自己的雙腳走路。

我開始散步的契機，是因為遇到了一位「了不起的人」。

假設他叫做A先生好了。A先生是一位偉大的實業家，從事國際業務，當時七十歲。我有幸在他姪子於表參道經營的餐廳與A先生共進午餐。

當我們吃完飯準備散會時，我本能地想要叫計程車，結果A先生卻說「我要坐電車回家」，便往車站走去了。

這對我來說是一個相當震撼的事，並開始深切反省「即使是像A先生這麼偉大的人也會搭乘電車回家，為什麼我會囂張地搭計程車」。

而且A先生都已經七十歲了，身形卻非常好，是一個很帥氣的人。我想起他曾說過「體重已經五十年都沒變了」，散步習慣可能是其中一個原因吧。

我對A先生的憧憬使我開始走路而不是總搭計程車，並把早晨散步變成了我的日常習慣。

結果，「改變人的最大因素是人」。

我希望你能遇到很多很棒的人，並透過與他們接觸，將你的人生引向更好的方向。

小心使用交友軟體

網路所實現的邂逅

許多人在想要「改變人生」、「追求成功」或「變得幸福」時，會去思考「要做什麼」。但這其實是錯的，我們最先應該考慮的不是「要做什麼」，而是「要和誰在一起」。如果你現在的生活方式並不理想，就需要重新建立人際關係。

接著，走向讓你覺得「我想變成這樣」的人。我希望你去接近那些值得尊敬或是過著你理想生活的人，並充分地受到他們影響。

如果你身邊沒有這樣的人，就試著多閱讀書籍或訪談文章來尋找他們吧。

能夠洞察時代未來的人、

對社會有偌大影響的人、

擁有創新想法的人。

或者是那些看起來過得很快樂的人，

以及自由自在活著的人。

你應該能找到很多你嚮往的人。

也有可能對方非常知名，看起來難以接近。

不過幸運的是，我們生活在一個有網路的時代。這是個無論身在何處，都能與各方人們建立聯繫的時代。

如今人們已經認知到發布資訊的重要性，許多企業家和知識分子都開始使用社交媒體等工具。就連默默無聞的普通人，也能隨時獲取這些資訊。

首先，我們可以從關注社交媒體等平台開始。只要了解他們在說什麼、做什麼，就能得到現在生活中所沒有的刺激。

此外，若他們正在舉辦講座等活動，你可以參加。要是沒有，你便試著直接發送訊息表達「想要見面」。如果是本人在經營社群，可能就會回覆你。

在過去，好比「讀了這本書後太感動了，好想見到作者」時，根本沒有辦法聯繫到他們，你最多只能向出版社發送粉絲信。

與當時相比，我們如今生活在一個對凡人非常有利的時代。我希望你能充分利用這個優勢。

不過社交媒體等網路上也充斥著謊言，在發布資訊的人之中也有很多是耍花招的騙子。在選擇導師時，我們必須小心別被欺騙。關於如何分辨騙子和成功人士的方法，我會在之後介紹，希望大家能作為參考。

必須遇見與自己生活方式完全不同的人

網路一口氣拓展了相遇的可能性，然而，我們必須選擇要與誰相遇。譬如藉由交友軟體，我們可以輕鬆地與陌生人聯繫。但是，能夠輕鬆遇見，就意味著這是與自己水平相當的人。

與相同水平的人或許會相談甚歡，只是，即便像這樣互相確認彼此「很合得來」也沒什麼意義。如果一直只和跟自己相同水平的人交流，人是無法成長的。

我們必須遇見與自己生活方式完全不同的人，特別是那些過著我們想要追求的生活，並比我們擁有更多知識的人。

當我們接觸到厲害的人的思考方式與感性時，就會意識到過去自己是用多麼狹窄的視野在過生活。而這樣的邂逅，正是我們在二十多歲時所不可或缺的。

當我們遇見他人時，應該用以下兩點為基準來決定是否真的應該見面。

「對方是否知道我們不知道的事」。

「對方是否能拓展我們的視野」。

如何分辨「厲害的人」和「看起來厲害的人」

「厲害的人」不會吹噓自己

放眼這個世界，會發現其實很多人沒有看人的眼光。當旁觀者都在納悶「明明就很可疑，為什麼還要跟隨這種人」時，當事人往往難以察覺。

如果只是遇到輕微的詐騙，只要把花費的時間和金錢當成繳學費就好。但是，也有不少人受到致命傷。若背負了無法償還的債務還會失去信譽，人生也有可能因此毀掉。

在我從事商業書籍編輯和製作的過程中，我學會了如何區分「厲害的人」和「假裝厲害但實際上不厲害的人」。

那是因為，我一直在鑑別他們到底適不適合擔任書籍作者，換句話說，即是鑑別他們「是否完成了實質工作，並能透過這些經驗提供有價值的資訊」。

就我的經驗來看，**「厲害的人」並不會吹噓自己**。

不斷重複講述過去的成就或者過分誇大他們負責的業務規模……這些人基本上都沒有內涵。

仔細想想，這是理所當然的。那些做了他們應該做的事的人，即使不自我推銷，自然也會累積好聲譽。而那些有事情該做的人，也沒有閒工夫去吹噓自己。

如果一個人真心為了眼前的工作而活，被他人過度評價並沒有什麼好處。

自稱成功人士的特徵

那些全身裝扮都是名牌的人，也和說著「我沒有自信」沒什麼兩樣。因為自己沒有真正的成就，才不得不借助品牌的威望。

當然，也有人是在確立了「我要這樣生活」的準則後，選擇符合他們風格的品牌。

然而，那些身上毫無統一感，只是雜亂無章穿著高級品牌的人，以及身上只配戴有標誌商品的人，基本上可以認定他們沒有內涵。

同樣地，我們最好也避開那些講究學歷的人，畢竟學歷只是過去的事。無論學歷高低好壞，都與現在無關。在這社會上只要你有能力，是不會被問及學歷的。

儘管如此，仍舊以學歷自豪的人，只不過是在依賴過去的榮光罷了。

若是在自我介紹時稍微提及那還另當別論，總是不厭其煩把學歷當作話題的人，就是「活在過去的人」。

此外，我們也很難從那些總是吹噓自己成就的人身上學到東西。

作為引起人們興趣的契機，我們可能會在個人簡介等地方強調「賣出了〇〇日圓」這類資訊，我自己也會在個人簡介中寫下「作為編輯，累計銷售了一千一百萬冊」。畢竟，要是不靠成就來吸引他人注意，沒有人會願意聽我這個普通的大叔講話。

然而，那些見面後依然只談論成就的人，以及遇到困難時立刻端出過去成就的人，其實並沒有與他們成就相符的內涵。別被追蹤者數量、年收入、銷售額等表面數字所欺騙了。

CHAPTER · 6 的行動計劃

16 · 搬家

如果一直留在家鄉，很容易會被過去的自我所困。可以利用搬家來改變我們的環境。

17 · 去見你所嚮往的人

遇見你所嚮往的人可以成為「改變人生」的動力。在社交媒體等地方積極地向他們搭話吧。

18 · 避開「想吹噓自己的人」

如果我們錯誤地跟隨了一個不可靠的人，可能會受到傷害。和那些身上總是穿戴名牌或吹噓自己成就的這類人保持距離吧。

CHAPTER

7

即使不擅長溝通也能與別人「順利相處」的方法

我想你在第六章已經了解到改變人際關係的重要性。然而，想要增加並最大限度去善用人際關係這個資源，我們需要的是溝通技巧。

提到「溝通技巧」，可能有些人會感到戒備，我自己原本也是無法與他人順利相處的類型。我不擅長理解他人的感受，坦白說，我認為我有「溝通障礙」。

在這一章，我寫下了自己實踐過的「接觸方式」和「傳達方式」。即使你不擅長溝通，也希望你能嘗試挑戰看看。

要意識到溝通的「成本」

不擅長說話也無妨

溝通也有「性價比」。

這是指我們從與他人交流中獲得的東西（表現）和失去的東西（成本）。

人們會根據這個平衡來決定要交流的對象。

許多人腦中會浮現出溝通能力強＝「擅長說話」和「擅長掌控場面」等，並試圖學會厲害的說話技巧和領導能力。

然而，這種技術並非一朝一夕就能學會。去展現一個不熟悉的技能只會讓人覺得尷尬，唐突地想要掌控場面也是不會成功的。

在此，我希望你能意識到**「降低成本」**這個思維模式。

溝通成本高，一言以蔽之，就是「麻煩的人」。

那些只會抱怨，要是不聽他們的話就會生氣，或者會突然取消約會、遲到的人成本都很高。因為他們奪走了對方的「精力」和「時間」。

要降低成本，就保持著不消耗對方而是珍惜他們的態度吧。

就好比「不要隨便打電話」。若是用郵件或聊天室，對方就能在有空的時間回覆，電話會強制奪走對方的時間。

「配合對方」也是降低溝通成本的一個技巧。任誰都會覺得和溝通方式不同的人在一起很累。

所以，對於喜歡禮貌溝通的人我們就禮貌地對待他們，至於面對那些想要隨意、坦率交談的人，我們就刻意用隨意的方式接觸看看吧。這樣可以減少對方的「心理負擔」成本。

倘若你不並擅長說話或掌控場面，那就試著降低溝通成本。這是個並非只「增加正面因素」，還要「減少負面因素」的思維。光是做到這一點，我們就能夠與他人順利相處了。

一旦過於親近，關係便無法長久維持

在溝通時我們還需要注意一點，那就是「保持距離」。

一旦過於親近，關係便無法長久維持。距離一近，也會因此更容易看見對方討厭的部分。

每個人都有各自不同的生活環境，性格和技能也千差萬別。

而人們會對「差異」感到壓力。

當然，我們也可以在交流的過程中互相接受彼此的特性。只是這就像理解不同文化需要時間一樣，理解並接受他人也需要相應的時間。

正因如此，我們才必須先保持距離，避免「差異」成為彼此的壓力源。唯有在這種適度的溝通中，才能建立有成效的人際關係。

越激烈的戀愛之所以越快結束，也是因為突然深入對方的內心，一口氣將「差異」＝討厭的地方一覽無遺吧。

近來有越來越多人從一開始就尋求親密關係。這可能是因為社交媒體普及，變得與任何人都可以輕鬆交流的緣故。

然而，要從人際關係中得到收穫需要很長的時間，所以最好別一開始就過於厚臉皮去接觸、交淺言深或頻繁地想要見到對方。

如果不擅長用說的，那就從「書寫」開始

不要只學習表面的說話方式

「寫」和「說」，這兩者都是人際交往中不可或缺的行為，但一提到溝通技巧，似乎很多人更關注如何說話。

然而，真正要說得好，「能寫」是非常重要的。

我曾經協助舉辦過研討會，講師通常會事先將內容整理成文章。他們

會先制定好完整的劇本，比如用怎樣的順序來傳達什麼內容後才會正式面對演講。

既然連專業演講者都是如此，那麼業餘人士打算什麼都不寫就去說，也很難做得好吧。

首先，把你正在思考的事情寫成文字。如果此時想不出應該寫什麼，那代表原本就輸入不足。在輸出之前去看書或聽人們的故事來拓展見識吧。

假使你覺得詞彙不夠，去查辭典找到恰當的詞語也沒問題。我經常會在閒暇時翻《てにをは連想表現辭典》（小內一，三省堂）來增加我的語彙庫。

比起學習聲音或手勢這種表面的說話方式，應該先徹底思考**「該說的內容是什麼」**。為此，先變得「能寫」會比較好。

透過「文案寫作」來磨練語言

第一步是將自己的想法以文字形式整理出來。此時，把所寫的內容發布到Twitter、note、Facebook等平台也是不錯的選擇。

現在是社群平台成了名片替代品的時代。只要發布信息，就會在意想不到的地方成為良機。

讀了你的社群平台後對你感興趣的人可能會主動聯繫你，從而產生新的邂逅。即便是由我們去接近「厲害的人」，若平常有發布信息貼文等，獲得回覆的可能性也會更高。

縱使在現實生活中沒有人脈，也可以透過社群平台與他人建立連結。對於過去不擅長溝通或是朋友較少的人來說，發布信息會成為一個大機會。

話雖如此，在網路上發布信息的人非常多，只是普通地進行，可能會被埋沒在無數個帳號中吧。如果你真心想做，就必須學習寫作技巧，得以表現出自己的獨特性。

那麼，該如何學習寫作技巧才好呢？我總會說，「先去學習文案寫作」。

原因在於，文案寫作是為了銷售商品而研究和精煉出來的「語言技術結晶」。

簡短、易懂、有吸引力。這三點都包含在文案寫作中。

有很多關於寫作的書籍，而根據你想寫的是商業文章還是文學作品，技術和知識也會有所不同。當你感到困惑時就拿起一本文案寫作的書，便能學會「向人傳達」這一項基本技術。

困擾的時候只要聊「以前的事」就行了

尋求建議

在第六章，我們已經談到遇見「厲害的人」的重要性，不過，遇見並不是目標，我希望你能積極地去「學習」。

對於你正在困擾的事，就直截了當地說「請給我一些建議」吧。

「我現在無法做到〇〇，因而感到困擾，如果能給我一些建議，我會很高興的。」

「我下次要做〇〇，但在××的部分遇到困難，請給我一些建議。」

你可以像這樣具體提問。重點在於「具體」。

「我什麼都沒有，不知道該怎麼辦。」

「總之我非常不安。」

像這種模糊的問題會讓人很困擾。此外，這樣也不會知道有什麼意義要特地去問對方，是很不禮貌的。

我希望問題可以具體，並且和對方的專業相關。

從過去的事開始問

除了尋求建議外，我們也應該積極地從對方那裡問出資訊。他們對工作和人生有什麼看法？又是如何運用金錢和時間呢？從「厲害的人」的價值觀和思維模式，我們可以得到許多啟示。

不僅如此，此時還有個有用的技巧，那就是「從過去的事開始問起」。

如果突然問起未來的計劃或展望，可能很難讓對話進行下去。要詳細去談論尚未發生的未來並不容易，需要動腦筋。以提問方的立場來說，就算從一個不太熟悉的人那裡聽到未來的展望，也不知道如何拓展話題。

但是，過去的故事就很容易炒熱氣氛。

假使是出差回來的對象，你就可以從「去了哪裡」、「是什麼時候呢」、「做了些什麼」這類問題去深入挖掘。

因為可以問的事情很多，很容易擴展話題。這只需要回答已經發生的事實，對於對方來說也比較容易聊。當過去的事已經聊到某個程度，你再詢問「未來打算做些什麼」等即可。

氣氛一熱烈，對方就比較容易聊開，等聊完過去的事後，你便可以說

「您想要運用這次的經驗吧」或是「您想要挑戰完全不同的領域吧」，打從心底表示理解並詢問對方。

過去的話題一追溯起來可是無窮無盡的，可以聊到以前的工作、學生時代甚至是童年的事。

那些會對和陌生人見面感到猶豫的人，大多是因為害怕「不知道該說什麼」。

不過，要是你很煩惱不知道該說什麼，記住只要聊過去的事就行了。如此一來，你應該能夠積極去見他人了。

CHAPTER・7 的行動計劃

19・要意識到「溝通成本」

與人接觸時，讓自己養成去意識到「是否奪走了對方的精力和時間」這個習慣。如果你能讓人感到舒適，自然會有人聚集在你身邊。

20・購買文案寫作的書籍

文案寫作是「語言技術的結晶」。當你想要學習寫作能力時，可以先考慮拿起有關文案寫作的書。

21・從你尊敬的人那裡獲取建議

對於人生、工作的困擾，以及其他讓你感到迷惘的事，嘗試向你尊敬的人尋求建議吧。你會得到與你自己不同視角的答案。

CHAPTER

8

成為「互相給予的世界」的一分子

人類的歷史大部分都是和飢餓、貧窮的鬥爭。人類不斷在為稀少的食物和物資相互掠奪。

然而，在物質充裕的現代日本，「生存」這個層面的困難幾乎不存在了。我們從「互相爭奪的世界」中解放，前往「互相給予的世界」。

在這一章節中，我想要講述「互相給予的世界」有多麼富饒。

計較得失
會讓人生變得貧乏

像寫文案一樣生活吧

我在過去曾大量從事過文案寫作。從那時起，我就一直將「對每一句話全力以赴」這事銘記在心。

許多人在寫文章時，都理所當然認為讀者會讀到最後。因此，他們不會每一行都認真寫。

然而，倘若讀者在讀第一行時就覺得「無聊」，就不會讀第二行了。

第二行要是很無聊，那也不會去讀第三行。

要讓人從頭讀到尾，就需要全力以赴地撰寫整篇文章。第一行是為了第二行，第二行是為了第三行……我們必須像這樣不斷吸引讀者。

人生也一樣。

如果沒能在眼前的工作中得到成果，就無法促成更厲害的工作。

如果被眼前的人認為是「無聊的傢伙」，人際關係就無法拓展。

如果對眼前的資訊視而不見，就無法學到知識。

無論是什麼，眼前的每一件事都很重要。就像磨練語言來寫文案一樣，我們應該每天磨練自己並持續採取行動。

所謂連接下去，也意味著「沒有結束」。

當你完成一項工作後，其他不同的工作也會隨之而來。當你認識了一個人，可能會被介紹給其他人。當你有所學習，就能看見接著該學習什麼。

換句話說，你可以不斷地遇到「新事物」，並持續成長。為此，我們應該有意識地「連接下去」。

永遠不回收

然而，我希望你別想著馬上就要「回收」你所做的事。我們不能靠計較得失來過生活。

如果優先考慮得失，你就不會想做超出薪水範圍的工作。這樣一來，你便只能做與薪水相符的工作。

如果你優先考慮得失，就不會想為了他人盡力付出。當你的行為只顧自己時，你的一生便只能建立淺薄的人際關係。

如果你優先考慮得失，就會為了追求結果而學習。然而，那些能立即派上用場的知識往往很快就會變得無用。

尤其是在人際關係中，最好別期待回報。

純粹為了讓對方能夠順利而盡心盡力，別去想「要讓他們回報我」或「要建立人脈」這類的事。

我甚至認為，**要是沒有回報那還更好**。一旦得到回報了，債務就會被清算，關係也會因而結束。

在我做編輯的那十年裡，我一直全力以赴地銷售眼前的書，然而回頭來看，我並不是為了結果而努力的。

「如果沒能成為暢銷書，我一生都不會再和這個作者合作」——我總是如此下定決心。「倘若我想要繼續和這個人保持關係，我就必須賣出這本書。」

我原本並不想成為編輯，也不是因為喜歡書。我只是想要幫上眼前的人。

這並不是為了結果的關係，而是為了關係的結果。我想，正因為我有這樣的認知，我和他們的交流才會至今仍持續著吧。

「為了他人」會讓人變得堅強

不應該只考慮自己的勝利

世界上有很多人只想一下子就自己獨贏。有超凡才能或運氣的人或許能順利做到，但對大多數人而言，這並不是一種可複製的方法。

我們普通人該有的思維是「讓周圍的人勝利」。

要讓他們勝利聽起來有些誇大，總而言之，這是指協助周圍的人取得成果的意思。

幫助他們，讓他們勝利。當你的周圍都變成贏家時，你自然也會變成贏家。

我之所以能成功自立門戶，也是因為我讓周圍的人贏。

在我擔任編輯時，我負責的許多作者原本都是無名小卒。有些人從未寫過書，有些人即便寫過書，卻沒有賣得很好。我故意選擇這些作者，並透過打造暢銷書來幫助他們成名。

在我離開出版社後，我失去了編輯的頭銜，變成了「無業大叔」。然而，我剛自立門戶沒多久所舉辦的研討會，五百個座位瞬間就被搶光了。這都要感謝我曾經擔任的暢銷書作家們幫我宣傳。

首先，要為了他人盡心盡力，讓他們勝利。這才是自己能獲勝的捷徑。

「為了他人」會成為動力源

「所謂激烈的不滿與抱怨，無論其原因為何，其根本都在於對自己的不滿。當我們對自己的價值沒有絲毫疑問，以及強烈感受到與他人的一體感，甚至不會意識到獨立的自己時，我們便能夠毫無痛苦地忍受困難和屈辱。」這點實在令人驚訝，而這是我喜歡的哲學家賀佛爾（Eric Hoffer）所說的話。

當我們感到不滿時，很容易會把這種不滿投向他人。「我會生氣是因為他」、「我很忙是公司的錯」……我們總是把不幸的原因歸咎於非自己的某種事物。然而，根據賀佛爾的說法，不滿只不過是自己心中的問題。

那麼，要如何達到「對自己的價值沒有絲毫疑問」，以及「強烈感受到與他人的一體感，甚至不會意識到獨立的自己」這些狀態呢？

我認為答案在於「為了他人而活」。

為他人做出貢獻，會讓我們感受到自己的價值。當我們與他人合作時，也會產生一體感。

若我們只是「為了自己而活」，就只會在悲嘆不如意的現狀之下結束人生。為了能夠忍受人生的各種考驗並積極地活下去，我們要在心中擁有「為了他人」的行動意識。

當「為了他人」而行動時，世界會變得更寬廣

當我們以「為了這個人而努力」為動力去行動時，自然而然就能超越現在自我的框架。

以我的情況來說，作為編輯，我的工作是創造會賣的商業書籍，而當時的動力是「我想讓作者變有名」。

我並不是為了「賣書」才讓可能會暢銷的作者寫書，而是為了「讓作者變有名」的目標才去創造暢銷書的。由於目的在於讓作者變有名，我甚

至會提議舉辦與書籍無關的研討會或製作網站，也會提供幫助。

結果我除了創造書籍以外，還學會了如何策劃和經營廣泛的推廣策略。如果我只是為了「賣書」而工作，就無法學會自立門戶的能力，我的人生一定會變得截然不同吧。

在私人生活中，也會發生「為了湊數而參加的室內足球反而成了興趣」，或者「被要求陪同參加演唱會，結果發現了喜歡的歌手」這類的事。

不要只被自己的利益或興趣所束縛，試著「為了他人」去行動吧。如此一來，你的人生會變得更自由、更豐富。

成為「互相給予的世界」的一分子

「互相給予的世界」與「互相爭奪的世界」

我們眼前有兩個世界。「互相給予的世界」與「互相爭奪的世界」。

在「互相給予的世界」裡，人們會理所當然地互相幫助。大家透過合作完成優秀的工作並互相支持，一起變得富有。一旦進入這個世界，幸福感就會不斷提高。

另一方面，「互相爭奪的世界」又是怎樣呢？在那裡，只有總是算計著要從他人那裡奪取、欺瞞他人，甚至打敗他人的人。

擔任志工的人以及實踐道德消費的人——這些以「為了他人」為動力來過活的人，是生活在「互相給予的世界」。

相反地，那些總是以說人壞話為話題，或是在網路上發表誹謗中傷評論的人，是「互相爭奪的世界」的居民。

如果你想變得富有，那就進入「互相給予的世界」吧。

可能有人會懷疑，「不是因為給予而變得富有，而是因為富有才能給予才對吧」？

然而，正如我之前所說，「為了他人」而活可以讓我們感受到自己的價值，並拓展我們的世界。從「給予」開始，人生將會朝著更好的方向改變。

互相爭奪派的時代已經結束了

群眾募資現在在日本也變得相當普遍了。

還記得我第一次在海外看見群眾募資時覺得非常感動，心想「這實在是太棒了」。

沒有一分錢的人也能開店。什麼都沒有的人，也能為了實現夢想而籌措資金。

我自己是在負責出版製作時開始靠群眾募資來籌措書籍的廣告費。現在，我也接受了很多關於群眾募資的諮詢。

從中我意識到「全世界的商業也和群眾募資合而為一了」。

換句話說，唯有得到支持的人才能在這個世界上成功。

在現代，商品和服務充斥著我們的生活。只要是暢銷的東西就會有人模仿，我們可以在任何地方找到相似的東西。

在這種情況下，消費者會從哪裡購買商品呢？那就是跟喜歡的人買。比起「買什麼」，人們變得更加在意「要跟誰買」。

此外，大多數人會覺得既然都要買了，那就跟對社會有正面影響的人買。基於支持的購買已經成了現在的主流。

大公司能透過大規模生產的便宜優勢一決勝負，那還姑且不論，對於中小企業的規模來說，從事社會貢獻活動的公司會逐漸成長。

眼看「SDGs」在這幾年成為一種趨勢，許多人也實際感受到了這個潮流吧？在現代，對SDGs有所貢獻的公司會受到投資者和消費者支持並取得成功。

在往後的時代，光只追求獲利會停滯不前。在商業中「得到支持」也是很重要的，為此，我們必須成為對社會來說「給予」的一方。互相爭奪派的時代已經結束了。

已經不需要「互相爭奪」了

以前，人類的生活總是在「與飢餓奮戰」。人們必須在弱肉強食、「互相爭奪的世界」中生存下去。

或許那時的恐懼仍然刻在我們的DNA之中，所以我們才會說失去工作就會「沒有飯吃」。

然而實際上，在現代的日本，幾乎沒有人會因飢餓而苦。

正如大家所說的「食物浪費」一般，許多食物都是被廢棄的，也有數據顯示全世界充斥著物品，製造出來的衣服有一半都會被丟棄。包含日本在內的先進國家，物品已經過剩。

若以「生存」的層面來看，這世界每個人都能得到滿足。以原始時代的人類來說，現代日本看起來就像是個「樂園」。

儘管如此，仍有許多人繼續生活在「互相爭奪的世界」中。

明明時代已經變成了「互相給予的世界」，結果我們還在消耗精神、被他人憎恨，繼續身為奪取的一方，不覺得這樣很愚蠢嗎？

在社會貢獻活動中成為了「給予的一方」

我住在美國一段時間後，便對捐贈文化產生了興趣。

在美國，許多人都會捐贈。以富裕的人來說，甚至可能捐出以億為單位的錢。此外，舉辦志工活動也比日本還要活躍。

了解到這種文化後，我認為「這實在很酷」。於是，我也開始進行社會貢獻活動。

我只是因為覺得「很酷」才開始進行社會貢獻活動，卻因此得以遇見各式各樣的人，包括企業家、公司幹部和社會活動家。他們都是「互相給予的世界」的居民。

在進行社會貢獻活動的過程中，我的周圍開始聚集起給予方的人們。當我身處於那些認為「給予是理所當然」的人群中時，我也開始有了同樣的想法。

就這樣，我偶然進入了「互相給予的世界」。一開始我並不是真心「想要對社會有所貢獻」，只是覺得「很酷」才無意中開始的。

如今生活在「互相爭奪的世界」的人，可能很難產生「我要給予」的想法。但是，我希望你至少先去參加志工活動，嘗試走進「互相給予的世界」那一方。透過改變人際關係，你也會自然而然變成「給予者」的。

機會的法則

有時我們也會提到「給予與回報」。

不過，為了得到回報而給予，就像為了拿到食物而工作一樣。被回報所吸引而做自己不願意做的事，我認為是「奴隸的生活方式」。

所以，我經常說「為給予而給予」。

不求回報，只是因為想要給予而給予。試著用這種方式生活。畢竟，沒有人能使不求回報的人服從。

如果一直在給予，可能會覺得自己很吃虧。不過，其實給予越多才越好，甚至超過回報更好。

因為，給予－回報＝機會。

縱使現在沒有立即獲得利益，只要持續給予，就一定會在工作和人際關係上得到回報。

如果你覺得「明明給予了卻什麼也沒發生」，那你最好去思考，其實你得到的比例還是很高的。

人們所得到的，總比自己想像的還要多。

這本書也有無數的人參與其中。編輯者把企劃案交給出版社，設計師思考裝訂，印刷廠則進行印刷和製作。接著書店把書擺到書架上，直到你拿起來，並閱讀到這裡。

更進一步來說，寫作時我使用了Ｍａｃ，所以我也得感謝製作Ｍａｃ的人。我能夠寫作，都是多虧了在此期間為我工作的公司成員。即便只是將一本書送到讀者手中，我依舊用一生也償還不完吧。

因此，沒有所謂給予過多這種事。我們早已不斷在得到了。這麼想來，你就會發現「為給予而給予」才好呢。

CHAPTER · 8 的行動計劃

22 · 閱讀面對社會問題（貧困、環境、差異等）的書籍

在往後的時代，「互相給予的世界」的人們才會受到支持。讓我們把目光放在社會問題上，思考「自己能做些什麼」吧。

23 · 找到一個正在進行優秀活動的組織，並捐贈一萬日圓

關於社會問題，即使我們覺得很難直接做些什麼，仍然可以透過捐款等方式間接提供支援。找到看起來值得信賴的志工組織，去嘗試提供支援。

24 · 如果你喜歡本書的內容，可以在網路書店上寫評論

支持他人的行動，也很接近「互相給予的世界」。如果你喜歡本書，請務必寫下評論。

後記

非常感謝大家閱讀到最後！

很遺憾，日本現在正在進行所謂的「為了老人的政治」。六十五歲以上者占了有權人士中的比例逐年升高，總有一天會超過百分之五十吧。政策也會變得越來越只以老人為主。

為了避免這件事，對年輕世代的教育是不可或缺的。我如此想著，便成立了針對二十幾歲族群的社群。

在這些活動的過程中，我接受了許多年輕人的人生與職涯諮詢。於是我發現，他們的煩惱都是來自於「正過著他人的人生」。作為解決對策，我在本書中撰寫了「活出自己人生的方法」。

不嫌棄的話，我把這個「為了二十幾歲人們的有聲節目」當成了給你的禮物，希望你能下載下來。

此外，我也很積極在以Twitter為主的社群平台上發文，還請追蹤我。

包含撰寫本書，我為了年輕人進行過各式各樣的活動，而我本身在與他們接觸的過程中也有不少學習和發現，實在感激不盡。

好比我在社群上和年輕人辯論時，便發現到「兒童時期的教育環境」有多重要。所以現在，我也致力於針對兒童與家長的教育相關事業。

倘若沒和年輕人交流，我現在所做的事全都不會存在。「和誰一起」真的很重要。

我經常說「四十歲前要跟年長者學習，過了四十歲後要跟年輕人學習」。年輕時我們應該去觀察擁有知識和經驗的年長者，而隨著年紀增長，若不理解新世代的事，就會被時代給丟下。

我在三十八歲從出版社離職並自立門戶時也是，我想著「今後就和年輕人一起工作吧」。比起權威人士，我決定要來製作年輕作者的作品。結果我從他們身上學習到很多，往後我也打算積極和二十幾歲的人們進行活動。

最後，請讓我表達我的感謝並結束後記。擔任本書企劃與編輯的East Press堅田先生給予我機會，讓我出版「一直想要寫的二十幾歲書籍」。協助我撰寫的POWER NEWS五十嵐先生、杉原先生，當然，還有East Press的各位、印刷公司、銷售與書店的各位，多虧於此，我才能夠把我的想法傳達給你。

真的非常感謝！

二〇二二年六月底　長倉顯太

從鹿兒島回東京的飛機上

參考文獻

* 維克多・弗蘭克／李雪媛、柯乃瑜、呂以榮譯《向生命說Yes：弗蘭克從集中營歷劫到意義治療的誕生》，啟示出版，二〇二二年

* 小川仁志《埃里克・霍夫　愛自己的一百句話》PHP研究所，二〇一八年

* 寺山修司《別出類拔萃——寺山修司堅強活下去的詞彙》興陽館，二〇一七年

* 日本經濟新聞《「保持飢餓，保持愚蠢」　賈伯斯演講全譯》二〇二二年六月閱讀

* STARTUP DB《平成最後的市值總額排名。日本和世界相差的三十年究竟是？》二〇二二年六月閱讀

特別感謝

藉由撰寫本書，我想要感謝我在二十幾歲時所遇過的人們。雖然沒辦法把所有人都寫在封面上，不過，就讓我在下方介紹曾協助過我的人們的名字吧。非常感謝大家！

吉田元、蓮實穗香、澤井隼人、久保田瑞輝、青木宏祐、三島俊祐、雪野太朗、浜田真衣、藤原楓、米澤佳祐、澤田信、大澤真澄、瀨端愛、花村大和、伊藤應、阿比留大貴、大森悠平、能瀨直樹、竹內大輝、中村優斗、吉田乃有季、內田裕樹、Rudytskyi Vitalii、奧原裕二、徳久春果、佐藤友梨花、武下海理、松下剛、伊藤應、伊藤琢己、中原紬、高橋和也、川本裕哉、照沼麻子、寺田真弓、遠山育実、西田啓太、野島恩、西沢亜衣梨、江尻京介、川原翔史、岡崎友理恵、樋口尊義、古畑日菜子、中川秀一、近江真子、藤田基子、小泉依未、柴田有紀、山川翔、沖原涼太、鈴木紫央里、玉村庄汰、濱田智嗣、重松航平、大間清也、藤原奨、南真菜、中井竜之介、山本紗也華、岩崎麻耶、泉山衿花、寺田健人、岩瀨陽子、伊敷幸孟、師村友也、神谷佳織、伊藤ゆゆき、今泉はな、吉岡奈美、宮島芙幸、渡邊雅、押谷瑞穗、野田優輝、及川志伸、田代亮介、杉本直優、若瀨亮太、堀博暁、奧裕香、上岡明以、魚島悠、池本苑華、安江一勢、西川翔、小川寛登、中村晶、時任ゆい、今村千明、內藤由貴、片平鉄士、坂本季生、照屋えり、萩森聖香、久野清美、渡邊知香子、堤章開、村上翔平、山本ゆいか、芹澤裕大郎、尾形琴美、鈴木莉奈、許舞香、東海早紀、長尾未那、神野未来、久保寺悠喜、桑門亮太、白井優香、中野竜也、備前柚乃、大森公平、重冨太志、乙幡成哲、川上風音、工藤綾乃、布部綾子、宮北悠香、河野恵里、髙岡建、山下絢、後藤遥、下司楠真、廣田宣俊、渡邊芙美、中丸晴留哉、田上翔悟、徳江典子、林宏樹、村岡萌、閉籠佑佳、加藤結

國家圖書館出版品預行編目 (CIP) 資料

28 歲決定你的人生：為了享受之後的日子所該做的 24 件事 / 長倉顯太著；郭子菱譯 . -- 初版 . -- 臺北市：遠流出版事業股份有限公司，2024.10
面；公分
譯自：人生は 28 歲までに決まる！
ISBN 978-626-361-914-2（平裝）

1.CST: 成功法 2.CST: 自我實現 3.CST: 生活指導

177.2　　113013357

28 歲決定你的人生

為了享受之後的日子所該做的 24 件事

作者——長倉顯太
譯者——郭子菱
總編輯——盧春旭
執行編輯——盧春旭
行銷企劃——王晴予
美術設計——王瓊瑤

發行人——王榮文
出版發行——遠流出版事業股份有限公司
地址——104005 台北市中山北路一段 11 號 13 樓
客服電話——(02)2571-0297
傳真——(02)2571-0197
郵撥——0189456-1
著作權顧問——蕭雄淋律師
ISBN——978-626-361-914-2

2024 年 10 月 1 日 初版一刷
定價——新台幣 370 元
（缺頁或破損的書，請寄回更換）

遠流博識網
http://www.ylib.com
E-mail: ylib@ylib.com